죽은 자의 집 청소

김완 저

死者宅の清掃

韓国の特殊清掃員がみた孤独死の記録

キム・ワン
蓮池薫 訳

実業之日本社

死者宅の清掃

韓国の特殊清掃員がみた孤独死の記録

죽은 자의 집 청소
by 김완

Original edition published by Gimm-Young Publishers, Inc.
JAPANESE Edition arranged with Gimm-Young Publishers, Inc.
through Youbook Agency, China

愛であるあなたへ——日本読者へのコメント

東日本大震災から数か月が過ぎたころ、新宿のある日本語学校で開かれた茶会に行きました。茶室の入り口で右往左往していたところ、学校側の方がとても興味深い表現で声をかけてくださいました。

「荷物はそのまま置いておいてください」

外国人の私としては、大の大人の口から「おいて」という発音が、真面目に、それも二回連続して出てくることがまずとても面白かったのです。韻を踏んだ詩の一節、パンチラインを利かせたラップの一節のように感じました。

言葉の意味としても、普段日本語を話さない私からすると面白い組み合わせでした。「おい」という発音は韓国語では「きゅうり」を意味します。「まま」という発音は、世界共通で「母」を意味しますよね。「そのまま置いておいて」の「まま置いておいて」が、私の中で引っかかり、亡くなった母がよく作ってくれたオイキムチ（きゅうりのキムチ）が自然と思い出されたのです。そのせいか、初めて聞く表現にもかかわらず、とても優しく感じました。外国で災害に遭い心細かった私に、故郷の母の安心感を思い出させてくれたようにも思います。

当時余震が頻発する状況で茶室に正座してお茶をいただきながら、心の中で「おいておいて」と繰り返していると、茶室の外に置いておいた荷物が自分と重なる気がしてきました。念願の日本をやっと訪れた矢先、思いもよらぬ地震でしばらく中野の本町の小さな部屋から出られず、ぽつんと孤独だった私の状態に似ている気がしたのです。三日に一度食料品を買いにいくときと、ハザードマップに表示された公立学校の位置を調べに町内を歩くとき以外は、一日中部屋に閉じこもり、よく聞き取れない日本語のニュースに耳を傾けているしかなかった日々を今でも鮮明に覚えています。

ですが、地震発生以降の姿、美しい季節の移り変わりも鮮明に記憶に残っています。この世がいくら激しく揺さぶられても、春は変わりなく美しい花を咲かせ、夏は多くの青い実を木に実らせました。秋は風を起こして通りに落ち葉を舞い上がらせ、冬は白い雪を降らせ、人々の吐く息を白くしました。悲しみや絶望、溜め息や嗚咽の中でも強く息をし、新しい道を進むとき、着実に繁栄を取り戻していけることを知りました。死と隣り合わせにある、限りなく弱い私たち人間でも、苦難に屈することなく立ち上がり、新しい道を見つけ出せるのだということを学びました。

コロナウイルスの感染者が爆発的に増加し、毎日死亡者に関するニュースが続いていた二〇二〇年の初夏に韓国でこの本が発売されました。発売後すぐに多くの人が読んでくださり、出版社・書店・読者による「今年の本」に選んでくださいました。死という重い主題の本が成功した前例がなかった韓国で、思いもよらないことが起きたのです。死を、遠いもの、どこかに間違いなく存在はしているが、すぐに出会うにはかけ離れたものと思っていた若者さえも、パンデミックを経験して悟ったのでしょう。コロナウイルスは私たちに、死は誰にも例外なく来るもので、思ったより近くにいるということをあまりに強く知らしめたのです。

レビューの中で最も嬉しかったのは、「読んでから愛する人に電話をかけた」「会いに行った」という言葉でした。最初から最後まですべて死に関して語っていますが、この本を通して伝えたかったことは、結局のところ、愛なのです。金や承認欲求、「こうあるべき」と押し付ける慣習、名分や実利などの陰に隠れてよく見えないけれど、我々の存在の真の正体は、ほかならぬ愛であるという事実なのです。死を見つめてきた一人の人間として、私が生きている間にやれることといえば、愛が意識されることを妨げてきた、いろいろな観念のベールをぬぐい払うことだけなのかもしれません。

それゆえにこの本は、死を通して語る、愛に関する告白だと言ってもいいでしょう。この本を読んでいるあなたという存在が、そして私たちという存在が、愛以外の何ものでもないことを示す証言だと言ってもいいでしょう。愛以外で私たちのそばに永遠にいてくれるものはありません。

春のあたたかな日が差し込む窓際から、日本の読者、愛であるあなたに、この瞬間のぬくもりを伝えます。愛の中で私たちはもう何も失うものはありません。

キム・ワン

目次

［凡例］

本書では、訳注を後注（「注○のように表示」）とし、原書の注（「原注○」のように表示）は巻末に掲載した。

プロローグ――ドアを開けて最初の一歩

底の浅いずっしりとした黒箱二つを両手で抱え、エレベーターが下りてくるのをじっと待っています。この待っている時間は、特殊清掃の仕事を始めたときから変わらず、いつもとても長く感じます。意味もなく何度も顔を上げ、今何階まで下りてきているのか確認してしまいます。その行為に何の意味もないのですが、どうしてもやってしまいます。これから対峙する死の現場を想像すると、どれだけ経験を積んだとしてもとても落ち着いてはいられないのです。

ですが、私のような仕事をしていなかったとしても、エレベーターを待っている間のもどかしさに似た気持ちは、誰もが一度は感じたことがあるかもしれません。

先月亡くなったあなたも、きっと生前は、一回一回は短い瞬間でも繋げてみればかなり長い時間をこのドアの前で過ごしていたのでしょう。あなたがまだ生きていたとき縁もゆかりもなかった私たちは、あなたが死んだことで今こうして同じ時間を共有し始めているのです。

この厚さ四ミリの強靱《きょうじん》なポリプロピレン製の黒箱の中には、青い手術用手袋と、それと同じ色の靴カバー、その靴カバーの中に重ねて履く透明のビニール製カバー、白い防《ぼう》塵《じん》マスクと薄灰色の防毒マスクなど、特殊清掃という仕事をする上でどんな現場であっても欠かすことのできない第二の皮膚と呼べる重要アイテムを入れています。

これら保護用具で自分の体を完全に覆うことで、現場のいたるところで発生している細菌が体内に入り込み、最悪の場合死んでしまう恐れのある病気に感染する確率を可能な限り抑えることができるのです。こういった保護目的の道具以外にも、ドアをこじ開けたりベッドなどの大型家具を解体するための工具も入れています。

エレベーターが来ました。深呼吸して乗り込み、指定の階まで上っていきます。その瞬間から鼻は普段より敏感になり、おのずと何かを捜し始めます。年配の男がよく使いそうな昔ながらの化粧水の香りや、配達されたてのピザのにおい、生ゴミの袋がしばし置かれていた後のかすかに鼻を衝《つ》く腐敗臭など……。密閉空間の中で私の嗅覚が高度に研ぎ澄まされていくのがわかります。エレベーターから降りると、その追跡はさらに執拗なものになっていきます。

実は私のビジネスというのは、生きる者を苦しめる、この死者が残したにおいのおかげで生み出されているのです。そのにおいがきれいに消し去られたときに、私のビジネスは完了します。そしてその代価として生きる者が私にお金を支払ってくれます。

お許しください。部屋のドアの前に立っても、礼儀正しくチャイムを押すようなことはいたしません。ドアの向こうで私を待っているのは、あなたではなく、あなたが残したモノなのですから……。

まず静かに黒箱を開け、靴カバーを履き、手術用の手袋を両手にはめます。そして少しのゆるみもないように、両手をくまなく触って確認します。

次に、ドアを隔てた状態でどの程度においが強いのか測るため、マスクせずにその場の空気を思い切り鼻から吸い込みます。経験を積むと、これだけで部屋の中の様子は大体想像がつくようになります。きれいにするために必要な時間、作業量がおおよそわかるのです。

あなたの部屋からはドア越しでもはっきりとわかるほど強い腐敗臭がします。

無意識に湧き出てくる恐怖を抑えることができません。手が少し震えています。ですが、これは仕事です。普通の人は一刻も早く離れたい現場に時間をかけて正面から向き合い、痕跡を消してまっさらにするのが私の仕事なのです。

泰然とドアノブを回し、ためらいなく中に入りました。最初の一歩を踏み出したのです。

すると、これまで儀式的に何度も繰り返してきたように、冷静でいようとする覚悟がもろくも崩れ去り、心が暗い影に覆われてしまいます。部屋のスイッチを見つけて明かりをつけると、それまで嗅覚でのみ認知していた「孤独死」が、視覚でも迫ってきます。この瞬間だけはいつも、心に全く光が入りません。

あまりにむごい光景を見ると思考が止まってしまい、街灯のない深夜の田舎道を車のヘッドライトで照らして辛うじて見える範囲と同じくらい、私の視野が物理的にも心理的にも狭くなってしまいます。

のどは塩の砂漠を吹き抜ける風のごとく、ヒューヒューと唸ります。ふと、海底をゆったり遊泳する深海魚になったような気分になります。においの震源地は糸のような細い光が差すところです。闇の中にうっすらと垂れ込む光に向かって、魚は、ところどころにある難破船のとがった残骸に刺されまいと、注意深くゆっくりと進みます。

目が悪くて気の弱い魚よ
恐怖を押しのけ、そこに行かないかぎり
この凄まじい深海の圧力から解放されることはない

あなたが長く放置された部屋の床は、依然として脂で覆われていて、滑らないように神経を研ぎ澄ませて前に進まなければなりません。

この寝室で、あなたは息を引き取ったのですね。

あなたはもういないけれど、あなたの肉体の残した痕跡は、そのままの状態で待っていました。ベッドの上には、成人男性の背中くらいの大きさで赤黒いシミがじんわり広がっています。枕には、生きているときあなたの後頭部を形成していた皮膚が白髪の混じった頭髪とともにへばりついています。天井と壁には、肥えたハエたちが止まったまま、音もなく手を擦り合わせています。

布団をめくると、乳と蜜の流れる、温かな安息の場を見つけたかのようにウジの群れが絡まり合い、互いに体を擦り合わせています。ウジが全身を揺さぶり踊る光景を見ていると、停止していた思考がいっぺんに動き始めます。狭まっていた視野が、ようやくトンネルを抜け出したようにパッと広がり、自分が今ここにいる理由をはっきりと思い出させてくれます。ここであなたが死んだことで新しく住みついたハエやウジたちが、私に仕事の指令を出すのです。

寝室を出た私は、ここから持ち出さなければならない生活用具の規模を知るために、あちこちを探索し始めます。居間を通ってベランダへ、トイレを経てまた別の部屋へ、台所を通過して玄関の靴箱へと進みます。その足取りに迷いはもうありません。さっきまで心を覆っていた影は、跡形もなく消え去りました。最初はどこから手をつけたら良いかわからないほど汚れている現場でも、やるべき作業が一つ一つ可視化されていくと私の中で生まれた不安や恐怖から解放されて、集中して取り組むことができます。

ここであなたは独りで息を引き取り、誰にも気付かれず、かなり長い間そのままでいました。しかし、今日からは私が来たことで痕跡を要領よく消し去っていくでしょう。

さて、いったん一階に下りなければなりません。そこには葬儀を終えてきたばかりのあなたの娘さんが待っています。エレベーターを待つ間、彼女にかける言葉をあらかじめ考えておかなければなりませんね。

さあ、そろそろ電気を消します。

第一章

独りで死んだ人たちの部屋

キャンピングライフ

　ちょうど陽が沈むころ、早めの夕食を済ませて片付けをしていると電話がかかってきた。不動産屋からだった。自殺した若い女性のワンルームマンションをお願いしたいと言い、費用のことなどをいろいろ尋ねてから、慎重にこう付け加えた。

「ちょっと変わったところがありましてね、だからといってご面倒をかけるようなことじゃありません。まあ、行けばわかることなんですが、とにかく家財道具もろくにない、貧しいお宅なんです。よろしく頼みます」

　内容のわりに不動産屋の声は落ち着いていた。事務的ながらも冷たいとは言えないほどの丁寧さが感じられたので、あえてこちらから聞き返すようなことはしなかった。相手が説明に二十分以上費やしても、いざ行ってみると現場の状況がまったく違っている場合もあれば、わずか何言かの控えめな表現なのに、現実を正確に言い当てている場合もある。五十歳前後の不動産屋は、顧客にわかりやすく物件を描写してみせる術《すべ》を、長年の経験で会得しているようだ。

依頼の部屋のデジタル式ドアロックはすでにピカピカの新品に取り替えられていて、不動産屋が教えてくれた番号を押すと、隣の部屋にも聞こえそうな大きな開錠音を響かせた。私は自分にも聞こえないように、そうっと深呼吸をした。そして、ドアノブを回して部屋に入った。柔軟剤のラベンダーの香りと人間の腐敗臭が一つに混じりあい、不快な甘ったるさで私の鼻を衝いた。

闇の中で手を伸ばして明かりをつけると、目の前に予想外の光景が広がる。緊張していた私の感情は、驚きに変わった。

自殺現場で思いがけずキャンプ用テントに遭遇したのだ。

薄ピンク色の丸いキャンプ用テントが部屋の真ん中に立ててあり、入り口には焼酎のビンが七、八本転がっている。誰が見ても、しばしテント暮らしをするためにわざと設置したものだった。ここが部屋の中だからおかしく見えるだけで、そっくり川辺の砂利場や林に移し置けば、ごく普通の風景だっただろう。周りにはテレビも化粧台もない。入居者の生活の痕跡をたどれるものといえば、スチールラックと呼ばれる床から天井にまで達しそうな、何段もの金属棚でできた洋服棚があるぐらいだ。

ベランダには、引っ越しに使う黄色いポリプロピレン製のボックスが折り畳んで重ねてある。数えてみると五つだ。それぞれのボックスの隅についているフィラメントテープがすぐにでもはがれ落ちそうな状態を見ると、何度も引っ越しに使われたことが手に取るようにわかる。彼女の暮らしのすべてが、この五つの箱に凝縮しているかのようだった。本格的な引っ越し業者ではなく、個人の運転する軽トラックか小さいワゴン車に荷物を載せ、安下宿からワンルームマンションへ、地下部屋から階段の多い屋根部屋へ、転々としてきたのだろう。

居間のテントからトイレまでの床の上には血液がこびりついている。不快なラベンダーのにおいに耐えながら、おもむろに身をかがめて床を拭く。トイレの電灯スイッチがある壁にも乾いた血痕がある。彼女はトイレの天井に延びたガス管で首を吊って命を絶ったようだ。血痕を拭く手を休め、床に座ってガス管を見上げる。そして彼女の気持ちになってこの空間を見下ろしてみる。この場所から首を吊ったなら、人生最後に彼女が目にしたものは、これから私が解体しようとしているあのテントのてっぺん辺りだろう。不意に押し寄せる人間の想像力は、何と残酷なのだろう。生活のすべてを眼下において人生を終わろうとしている彼女の心情は、どうだったのだろう。このすべてのことがある日、彼女と私がともに見た夢、覚めればただ笑って済まされる、一つの取るに足りない夢だったら。

カバンの中から履歴書が出てきた。彼女は高校卒業とともに大企業系列の携帯電話部品工場で働いた。五年勤続して、またほかの大企業の工場に移り、そこで数年間働いた。二年後には三十歳になるはずだった。単色の背景に無表情で写っている証明写真。クラスに同姓同名が必ず一人はいそうな、よくある名前。経歴といっても数行のみで、余白を多く残した履歴書には、彼女の見せる様々な表情や好きな食べ物、好んで歌った歌、そうなりたいと願っている人物や愛する人の横顔の記憶などは、何一つ書かれていない。

テントの後ろに何冊か本があった。この世にキャンプだけをしに来たかのようにシンプルを極めた生活を送る彼女のことを、唯一そばで見守っていた本だったのだろう。

『何もしない権利』
『何より大切なあなただから』
『幸せがとどまる瞬間』
『本当にちょっとだけ泣いた』
『私の気持ちも知らないくせに』

すべてが心が疲れてしまった人へ向けた本だ。本屋でこれらを見つけ、家、あるいは彼女が家と呼んでいたキャンプテントに持ち帰って読もうと代金を支払うとき、いったい何を考えていたのか。テント内でランプの火をつけ文章を目で追っているとき、どんな気持ちに浸っていたのか。誰かが彼女の思いを少しでも聞こうとしていたら、自ら命を断とうなどと思わずにそのまま三十歳を迎え、「大切なあなた」に出会って恋に落ち、たまに泣くことはあっても、幸せな時間の中で生きていけたのではないか。何もしなくても幸せな人生って送れるんだと、肩の力を抜いて過ごせるようになる未来もあったのではないか。

私の気持ちも知らないくせに、私の気持ちも知らないくせに……。

彼女の気持ちを何一つ知らないくせに、無責任な疑問を心の中で浮かべて勝手に泣きそうになっている自分に嫌気がさし、本を布袋に押し込んだ。

今日、彼女を見守っていた本すらも持ち出されてすっかり空き家になるこの部屋にも、夜の暗闇は押し寄せてくる。

人生最後のゴミ収集

今回依頼があった部屋は、ピロティ構造[注1]になっている韓国の典型的な都市型生活住宅にあった。この狭い建物に二十戸を超す世帯が住んでいることにまず驚いたが、三階の部屋の前で私を迎えたのが、長い廊下を包み込む暗闇と静寂だけであることにも動揺した。死の現場を象徴する、あのにおいが全くしない。廊下の壁にときどき噴射されたであろう芳香剤のレモン香をかすかに感じるだけだ。事前に説明を聞いていなかったら、この部屋で自殺が起きたなんて想像もできないはずだ。

本当にこの部屋の中で人が死んだまま、三か月も放置されたのだろうか。

半信半疑になりながらドアを開けると途端に、廊下の空気とは全く違う、多量のワサビをつけた寿司をほおばったときのような強烈なにおいが鼻の奥に突き刺さる。においが外に漏れないよう慌ててドアを閉めた。掃除を依頼してきたビルのオーナーが、電話で何度も念を押してきたのだ。

――まだ誰も知りません。知られたらみんな出ていきます。絶対にその建物に住んでいる人たちには知られないようにしてください。

本能的に足が窓へ向かう。とにかく息がしたい。状況把握はその後だ。しかし、思うように窓が開かない。よく見ると、窓枠の四方すべてが青緑色の絶縁テープでがっちりと固定されていた。外気が入らないように意図的にふさがれていたようだ。テープの内側にもタテヨコびっしりと織り込まれたメッシュ生地の布が多めのボンドで貼り付けられていて、それを取るのにも苦労した。窓を開けるのに数十分もかかってしまった。一体この部屋は何なのだろう。

部屋全体を確認して、死者が生前に作り上げたこの完全な密室は、着火炭《ちゃっかたん》で自分を間違いなく死に至らしめるために徹底して準備されていたことがわかった。玄関ドアの上下左右の隙間も絶縁テープでしっかりと遮断され、ドアの下方にある、牛乳や新聞の投入口にも、横方向に何重にもテープが貼り付けられていた。トイレの排水口や換気口、ガスレンジの換気扇、流しの排水口など、家じゅうの穴という穴が完全に塞がれていた。

シャツのボタンを一つ一つはめていくように、密閉空間を一つ一つ慎重に完成させたうえで、トイレにキャンプ用の簡易火鉢を置き、数個の着火炭に火をつけたのだろう。

ベッドのマットレスには、まるで黒い雪だるまのような形の血痕と、脱ぎ捨てた褐色のストッキングのような皮膚が付着していた。

トイレの床に散乱している着火炭の灰を掃きながら、ふと思った。

(火鉢の近くにあるはずの、ライターなどの点火装置が見当たらない)

トーチランプはもちろん、お店でもらうようなマッチすらない。どうやって火をつけたのだろう。着火炭による他の自殺現場に比べると、火鉢の周辺がきれいすぎる。救助隊員や警察の現場検証チームが来たはずだが、彼らが自殺現場から点火装置を回収していくようなことはかつて一度もなかった。むしろ死体を持ち出すのに使用した保護用の手袋や靴カバー、ガーゼなどの消耗品を置き忘れていくのが日常茶飯事で、ゴミが増えることはあっても減ることはまずないのだ。オーナーによると、この部屋には遺族も立ち寄っていないという。

この謎は、玄関ドアの左側にある家庭用ゴミの分別箱を整理していて解けた。そこには当然あるべくして見当たらなかったものがすべて入っていた。火をつけるのに使った金属トーチランプとブタンガスボンベは鉄類のところに、火鉢の包装紙と宅配の箱はきちんと折りたたまれた状態で紙類のところに、ブタンガスボンベの赤いノズル蓋はプラスチック類のところに、それぞれきちんと分別して入れてあったのだ。

自殺直前にゴミの分別をするなんて、本当にありうることなのだろうか。以前ほかの自殺者の家で着火炭の包装紙がきちんと畳んであるのを見たことがあるが、それとは比べものにならない。自ら命を絶とうと着火炭に火をつけ、煙がもうもうと立ち込めるさなかで、不要物を一つ一つ整理する。いったいどんな気持ちに至れば、死を前にこんなにも超然《ちょうぜん》として、几帳面なままでいられるのか。どれだけ道徳観念と規律意識が強ければ、こんなにも冷静な行動をとれるのか。

遺品を入れた封筒や布袋を駐車場に運んでいくと、五十代半ばくらいの背の低い男が遠くからこちらを見ながら近づいてきた。私に遺品整理業者かと尋ねた男は、この建物の階段清掃をしているそうだ。

「三十歳くらいでしょうかね。礼儀正しくていい人でしたよ。ありがとうございます、ありがとうございます、っていうのが、口癖の女性でした」

突然話しかけてきた彼を連れて、私は慌てて駐車場の外に出た。

「毎年正月とお盆には靴下や食用油のセットなんかをくれたんですよ」

「お知り合いだったんですね。お悔やみ申し上げます。ちょっと、私たちの話が誰かに聞かれるとまずいので、少し声を落としていただけないでしょうか」

「はいはい、私も存じ上げております。ビルのオーナーさんも気が動転されたでしょうね。自分でカギを開けて中を見られたんですから。私はあのお嬢さんの姿が数か月見えないものだから、てっきり引っ越しでもされたのかと思ってました。黙って出ていく人じゃないとは思いつつも、ちょっとさみしかったんですが……。先週私が掃除しに来たとき、あそこから救助隊員が担架を担いで下りてきたんです。何かかぶさっていて、それが人だとは思いませんでした。ネコかイヌかなってね。人にしちゃあまりに小さすぎたんです。救助隊員が行ったあと、オーナーさんが下りてきて三〇一号室の女性が亡くなったって言ってました」

男はくわえている煙草に火をつけるのも忘れて話を続けた。

「とにかく、中の整理、よろしくお願いします。他人《ひと》ごととは思えなくてね。ああいう人こそ幸せになってほしかったのに……本当に他人ごととは思えません」

男の話では、彼女はとてもやさしい人だったらしい。そのやさしい人がどうして自分にはやさしくなれず、最後は自分を死に至らしめてしまったのか。恨みや悲痛さが積もっても、他人に文句を言うことも、ましてや攻撃することもせずに、その矢を自分に向けて射ってしまったのかもしれない。自分を死に追いやる道具さえ分別して捨てる、そのやさしくて几帳面な気持ちをどうして自分に向けてあげられなかったのだろう。どうして自分にだけは大らかになれなかったのだろう、そのやさしい心がかえって鋭い針となり、強迫となって、彼女を絶えず刺し続けたのではないだろうか。

私が来る前からまとめてあった定型封筒の一つは、着火炭の包装紙と病院でもらったと見られる数十枚の薬袋《ヤクタイ》でいっぱいになっていた。アルバムとフォトフレームから抜き出した、たくさんの写真が入った封筒もあった。写真の角がのこぎりの歯のように鋭く封筒の中から突き上げている。これらすべてが、死ぬ前に彼女自らが整理したものなのだ。彼女が言い残した言葉、溜息と絶望、過去のいきさつが、この小さな封筒に残らず詰め込まれているかのようにも思えた。

注1　二階以上ある建物で、一階の地上部分を柱のみにし、吹きさらしにしておく建築様式。韓国の都市型生活住宅の八割以上がこの様式のもので、一階部分が駐車場になっている場合が多い。

花のきれいなところに行ってね

春が去るとのこととわりもなく姿を消し、ひと足早く夏の暑さが迫りつつある六月のある日だった。朝からじっとりしていると思ったら、昼過ぎには陽光を残したまま、ぽつぽつと天気雨が降り出してきた。昼寝の誘惑が押し寄せてくるころ、以前登録した番号から電話がかかってきた。昨年ある新聞に掲載された私のインタビュー記事を見て「ゴミが山ほど溜まった家も掃除してもらえるのか」と尋ねてきた電話だった。記事を見て連絡してくること自体が珍しかったので、私もわざわざ登録してメモに残しておいたのだった。最初の通話から半年以上が過ぎて電話をかけなおしてくるのには、よほどの事情があるに違いなかった。

「ええ、覚えていますよ。まだ解決していないようですね」

「この間、いろいろありましてね。義理の母がテナントのことで頭を悩ましているんですが、こちらにいらして相談に乗っていただけませんか。今は住む人もなく、カギもかかっていませんので……」

似たような赤レンガ造りの三階建てアパートがびっしり立ち並ぶ丘陵団地、いわゆる住宅過密地域だった。駐車場も見つけづらく、ようやく苦労して車を停めても、傾斜でずり落ちないように、タイヤの下に大きな石をあてがわなければ安心できない。そんな坂道だった。子どもでも、窓を開けて手を伸ばせば隣の建物に届きそうだった。NAVERマップで探したが、複製したかのように全く同じ造りの通りのなかでお目当ての半地下部屋を見つけ出すのはそう容易なことではない。電信柱の根元には野良ネコの襲撃で破裂した生ゴミ袋が散らかり、その上に丸々と肥えたハエが小糠雨《こぬかあめ》にもかかわらず、縄張り争いをするかのようにブンブン飛び交っている。

ドアノブは回るが、ドアが開かない。引っ張ったり、そっと押したりもしてみる。故障かと思い、焦って小さなスパナをドアの隙間に差し込み、こじ開けてみる。ドアは内側に開いた。中をのぞくと、ゴミの山と宅配の段ボール箱がドアをふさぐように天井まで積み上げられている。住居人はどうやってこのドアから出て行ったのだろうか。荷物もなしに、ただ人間だけがこの隙間をすり抜けて引っ越したというのか。

防護服を重ね着した私は、フラッシュライトをつけたスマートフォンを片手に、開いたドアの隙間からまずは片足を踏み入れる。気をしっかり持とう。暗闇の中、左手で蜘蛛の巣を払いながらあちこち光を当ててみる。人家というより、巨大なゴミ箱に迷い込んだようだ。長い間隠れていたたくさんのゴミが、私が入るや否や、積もりに積もったほこりを巻き上げて歓迎のあいさつをする。いや、ただのほこりと言うには密度が濃い。砂ぼこりと呼ぶべきかもしれない。現在、黄砂はゴビ砂漠から来ると言われるが、大韓民国のこの暗闇の半地下住宅も発生源の一つだと言ってもおかしくないほどだ。

照明のスイッチを入れても、ブレーカーが落ちているのか家中のどの明かりもつかない。二つの個室と居間には、ゴミや壊れた家具があふれている。人がここに住んでいたとは到底考えられない。横になる空間すらないのだ。注意して見ると、奥の部屋のゴミの山の上にフラッシュライトに反射して光るものがある。近づいてみると、ピクニック用のアルミシートで、真ん中がへこんでいる。どうやら住居人はここに横たわって寝ていたようだ。どう見てもここは人間が住める空間ではない。いや、ネズミでもここを棲み家にしたら、彼らの平均寿命を全うできるかどうか疑わしい。

さあ、電源ブレーカーを探してみよう。この状況で電気までつかなかったら、何もできはしない。靴箱を開けると、こっそりと賭け花札をしていたのがばれた博打打ちたちのように、ゴキブリが数匹バタバタと先を争って走り出る。逃走時に持ち出せず残した賭け金さながら、ひっそりとブレーカーがあった。光を当ててみると、各スイッチはすべて入っている状態だ。つまり、外部からの電源供給が完全に遮断されているということだ。気持ちはさらに落ち込む。

本当にここに人が住んでいたのか。

韓国電力公社に電話をかけ、未納料金があるならすぐに振り込むから、一刻も早く電気を送ってくれと頼んだ。そつのない対応をしてくれていた相談員は、納付者番号を照会すると、少し沈んだトーンで言葉をつないだ。

「お客様、長らくお待たせいたしました。そのお宅は料金を長い間未納されたため、何度となく予告させていただいたうえで、電気の供給を中断いたしました。そして、供給中断が長くなった関係で、規定によって建物に設置された世帯別の電気計量器を撤去いたしました。お近くの事業所に連絡していただき、計量器の設置工事を予約していただく必要がございます。電気使用が可能となるのはその後となります」

通話を終えてすぐ、暗闇の中で部屋の様子を撮影し、焦点も合わずピンボケになった写真を数枚、依頼人に送った。するとすぐに電話がかかってきて、写真に写っているものの正体は何なのかと聞いてきた。写真だけでは実感が湧かないようだった。私が暗黒の家の中の状態と計量器撤去の一部始終を長々と説明している間、相手は電話の向こうで一言も発さずに聞いていていた。沈黙はときにその人の感情をありのままに伝える力がある。彼女は、普通私のような仕事をする人間に対して使う「よろしくお願いします」という表現の代わりに、「助けてください」という言葉を残して電話を切った。

計量器設置工事が終わるのを待ってばかりはいられなかったので、バッテリー式の照明道具を準備して、翌朝早くからその家に向かった。建物一階の玄関前に装備を下ろす音が気に障ったのか、向かいの玄関の戸がバタンと開くと、七十は超えて見える老婆が出てきて大声で怒鳴った。

「あーあ、死にそうだよ。一体何なんだい。隣の女のせいで死ぬかと思った。臭くて、臭くて！」

一方的に不満をぶちまけた老婆は、私の答えなど聞こうともせずにまた戸をバタンと閉めて中に入っていった。とげとげしい声がしばし私の気持ちを動揺させた。再び戻った静寂のなかで、私はただ呆然としていた。何かを始めようとする前に突然すべてが終わってしまったかのような気分だった。すると次の瞬間、またしても大きな音を立ててドアが開いた。

「その横にあるものもみんな片づけるんだよ。せっかく昨日きれいにしたのに、いつの間にまた持ってきたんだい。胸糞悪いったらありゃしない」

顎をしゃくって指した階段の隅のほうには、壁掛け用のカレンダーを裏面にして覆いかぶせた段ボール箱が置いてあった。昨日この家を見にきたときにはなかった箱だ。後ろのほうからまたバタンと、ドアを閉める音がする。箱の上にはしおれた花一輪と、すっかり溶け落ちたロウソクがある。通りすがりの誰かが半地下にまで下りてきて捨てて行ったゴミなのだろうか。〝花を捨てる〟とはどこかおかしい。しかし、黙って片づけるしか、清掃員の私には選択肢がない。

昼過ぎにようやく家に電気がついた。わずかな光の中で処理するゴミも、鮮明な照明のもとで処理するゴミも同じゴミで、どちらも片づけていて楽しくなるようなことはない。早朝から収集したゴミは、傾いた太陽が山の稜線に接する頃合いになって、ようやくすべてをトラックに載せて送り出すに至った。ゴミは姿を消しても、そのにおいは我々の服や靴、髪の毛にそのまま残っていた。

次の作業のために翌朝早く家に到着したときには、隣の老婆は現れなかった。昨日私たちが半地下と地上を行き来しながら一日中ゴミの入った袋を運び出す姿を見て、恐れをなしたのかもしれない。ところが、昨日きれいに片づけた階段の隅には、またしても花とロウソクが置かれていた。今度は透明のセロファン紙に包んだ黄色い菊の花束だ。取り上げると、花の間に挟まれていたメモ書きがはらりと地面に落ちた。メモにはこう書いてあった。

ヨニさん、ごめん、ごめんね。本当にごめんなさい。
どうか、花のきれいなところに行ってね。

部屋の賃貸者がゴミを捨てて夜逃げしたわけではなかったのだ。いったい何があったのだろう。

昼過ぎ、依頼人が義母とともに家の状況を確認しにやってきた。菊の花束を見たときには何も言わなかったが、家中を見終わった後に、意外な話を伝えてくれた。

ひどい鬱《うつ》病で長く引きこもっていた住人は、いつからか家賃を滞納するようになった。大家の義母の強い勧めにもかかわらず、引っ越しもせず、最後は連絡すら取れなくなってしまった。訪ねて行ってドアをたたいても、開けるどころかその中に人がいるかどうかすらわからない状態だった。住人はすべての道を断たれた末に自殺を選ぶのだが、その直前に恋人にメッセージを送った。恋人は連絡を受けてすぐこの家を訪れ、ゴミの山の上で死んでいる彼女を発見した。

自ら命を絶ち、葬儀場で弔《とむら》ってもらえない彼女のために、何人かの知人が毎晩この半地下の家のドアの前にロウソクを灯した。弔問《ちょうもん》のつもりのようだった。私が前日片づけた段ボールの箱は、彼らが階段の横に臨時で作った焼香台だったのだ。

ドアの外にある花束を、すでに空になった住宅の窓際に移した。ここなら午後のいっときでも日が差し込みそうだった。小路を笑い合いながら通り過ぎる人たちの姿や、エサを求めて道を横切るネコの様子など、休みなく動くこの冷たい世界をひっそりと照らす、あたたかな日常を安心して眺められるだろう。

私が家を整理する予定の明日までだけでも、暗い階段の隅ではなく、陽光と月光の差す窓際に来て、あなたの恋人や友人たちが手向けてくれた美しい花の香りを嗅いでいってほしい。そして、どうか、花のきれいなところに行って安らかに過ごしてください、永遠に……。

貧者の死

この仕事を続けてわかったことは、独りで死んでいくのは主に貧者だということだ。ときどき金持ちが一人暮らしの末に自殺することもあるにはあるが、そういった自殺も孤独死の範疇《はんちゅう》に含めるかどうかは、世界的な学者たちの中でも意見が分かれているので、ここでは論じないことにする。ただ、高級マンションや豪華な一軒家に高価な家具を残したまま、いわゆる宝の中で、遅れて発見される孤独死はいまだかつて見たことがない。

呼ばれて駆けつけたところには、大体貧しさと孤独が影を差している。貧困の黒い木の葉がはらはらと落ちて、辺り一面に敷きつめられているようだ。長い間私の目が貧しさに慣れてしまったために、何を見ても貧困の象徴のように見えてしまうのだろうか。あるときは、死者の郵便箱に挿さったまま半分に折れ曲がっている告知書や請求書すら、貧しさゆえに背中が曲がってしまった人間のように見えたこともあった。私の住んでいるマンションのお隣のポストに挟まっている告知書と何ら変わりのない光景なのに、私の中にある固定観念が見る目を変えてしまっている。

私の人生において豊かさや繁栄は、バスの窓の外の風景のように、手の届かない、はるか遠くを過ぎ去っていくものでしかない。分水嶺《ぶんすいれい》の上で巨大な雲を背にした太陽の黄金の輪のように、豊かさはいつも気が遠くなるほど、はるかかなたから私を見下ろしているだけで、雲を押しのけて真の素顔を見せてくれたことなど一度もない。

来る日も来る日も貧しい家を掃除しているからなのか、休日に町へ出かけているだけでもいたるところで困窮のにおいを嗅ぎつけてしまうようになった。私の視線が達するところにはいつも貧しさの象徴があくびをしながら起き上がろうとするのだ。私が生きているこの世界では、貧しい者はますます貧しくなり、金持ちはますます繁栄を招き入れている。

貧しくなれば必然的に孤独になる。困窮した者とは家族も連絡を絶つようになる。隣家から漂う異様なにおいを不審に思う者の申告によって、死体はとき遅く発見され、警察はそのときからようやく死因を究明し、遺族を捜す。独りで死んだまま放置される事件が増え、韓国ではいっとき社会問題となっていた。孤独死の先進国である日本の為政者たちは、「孤独」という鑑定判断の含まれた語彙である「孤独死」の代わりに、「孤立死」という表現を公式用語として使い始めている。死んだ者が置かれた「孤立」という社会的状況に、より注目したのだ。しかし、孤独死を孤立死に呼び替えたとして、死者の孤独が少しでも和らぐわけではない。冷徹に言えば、死者ではなく、それを発見する側の心苦しさや負担感を少しでも減らそうという試みにすぎない。

私のような仕事をしていると、遺族が死体の受け取りを拒否する場面に直面することはそれほど珍しいことではない。とっくの昔に縁が切れて顔すら覚えていない遠戚が突然通告されても、「はい、そうですか、私が葬儀を挙げ、家をきれいにする費用を負担します」と即座に応じる例はなかなかない。ひょっとして借金を抱えることにはならないかと、光の速さで相続放棄受理証明書を書くのがオチのようだ。

貧しい者にも満ちあふれているものがあるとしたら、それは郵便物だろう。滞納告知書に督促状、ガス、水道、電気を止めると脅しをかける未納料金の警告状、警告通りに供給を中断したと知らせる最終通告が、郵便箱にぎっしりと挿し込まれている。玄関のドアの前には赤い札の上に黄色い札、またほかの郵便物が届いたから期日内に持っていけという、白い札が貼り付けられている。債権者の顔も、市中銀行マンの冷たいながらもまだ穏やかさを残す顔から、カード会社や資産会社スタッフの、血の気の失せた引きつり顔に変わり、いつの間にか個人金融業者の凄みのきいた強面《こわもて》に変わっていく。取り立てられなかった債権を安値で買い集めたまた別の債権者は、こまめに督促状を送り、電話をかけ、遠距離もいとわず足繁く家を訪ねてはベルを押す。合法不合法の両岸を巧妙にまたぎながら債務者を追い詰める者たち……。

見方を変えれば、家族が連絡を断ち切っても、債権者だけは絶えず安否を確かめていることになる。借金のある者の健康を気遣ってくれる人間は肉親よりも債権者なのかもしれない。

数十億ウォン台の借金を一日一日懸命に働いて返していくと勇気ある宣言をした歌手出身のアナウンサーに対し、債権者たちが健康サプリを贈り応援しているという話を聞いて、とても複雑な気持ちになった。笑っていいのか、泣いたらいいのか。どちらかわからないときはいっそ笑うべきなのだろうか。返済を受ける者は誰よりも債務者の健康と長寿を願っているのだ。借金を完済させるその日までは。

ある若者が首を吊って自殺したという、清譚洞《チョンダムド》注2のあるマンションに到着した。一見すると、富裕層の住む丘陵地の一角に新しく建てられた典型的な高級マンションに見えた。しかし、建物の玄関前に仕事道具を下ろして駐車場のほうに行くと、あちこちにひびの入った赤レンガや、ところどころ左官補修した跡のある古い壁が現れる。リフォーム工事を経て、前面は補修し内装まで新しくしたが、なぜか建物の裏面までは手が回らなかったようだ。さながら青年の仮面を被ったタキシード姿の老人が、曲がった腰を無理に伸ばしたまま、力を振り絞って闊歩《かっぽ》して見せるハロウィンの舞台裏のようで、なんとも物悲しい。

　彼が住んでいた二〇二号室の玄関ドアには、「電気供給制限の予告通知」と太いゴシック体で書かれたチラシが貼られていた。通知文全体が印刷されているほかの予告通知と違って、供給制限の予定日だけが目に付くように、サインペンで直に書かれている。おそらく悪質料金滞納者に対応する担当者がいて、彼らが滞納者の家にまでやってきてはチラシを貼り付け、日付まで書いていったのだろう。日付を見て気づいた。ビル管理会社の職員から知らされた死体回収の日から逆算してみると、電気供給の中断予定日と自殺した日が重なる。ぼんやり見えていたものが明瞭になってきた。

　この瞬間から私の思いは、運動場のように巨大な泉の中へと引きずり込まれていった。この非情な都市において、電気を断つという行為は、結局死んで何とかしろという無言の自殺勧誘なのではないのだろうか。なぜ韓国政府は、国民の繁栄と維持のためにという大義名分を掲げて、ライフラインである電気を断ち切り貧者を自殺に追い込むシステムを取っているのか、考えれば考えるほどわからなくなってくる。

　もっぱら貧者が独りで死んでいく。貧しさと孤独は仲の良い旧友のように、肩を組んでともにこの世を巡礼しているようにも見える。賢者が来て、そんな考えはただ貧しさに目の慣れた者たちの固定観念にすぎないのだと悟らせてくれたらどんなにいいだろう。

生きるか死ぬかをめぐって苦悩させるほどに人間を窮地に追い込む、重大で深刻な問題。死者の最後の瞬間、最後の居場所にまでやってきて、暗鬱《あんうつ》でじとじとしたシミ跡を残していく貧しさと孤独が、いったん死の域に到達した瞬間からは何の価値もなくなり、取るに足りないものとして笑い飛ばせるものになってくれるなら、どんなにいいだろう。

古びた家財道具を処分しながらほんの一瞬、死んで軽い気持ちになり、心配もなくなって穏やかな表情をしている青年の顔を思い浮かべてみる。

「ふん、所詮貧困なんて、一瞬垂れ込む暗雲のようなものさ」と思い、歩みも軽くなる。ある日予期せぬ風が吹いてきて雲を晴らし、太陽がひょっこりとその素顔を見せてくれるだろうと、少しだけ信じている。

貧しいからといって、あまり深刻に考えないようにしよう。あなたが賢い人なら、いつも深刻な顔をしているほうが損をするってことぐらい、知っているはずじゃないか。どっちにしろ、財布が空でもおなかがいっぱいで今を笑っていられるなら、その瞬間だけは幸せなのだ。人間なら誰しもいつかは死ぬという事実だけは、絶対に変わらないのだから。

注2　ソウルの高級住宅街。日本でいう港区のイメージに近い。

黄金よ　いつかは、沈黙の石ころのように

「この山にむかって『ここからあそこに移れ』と言えば、移るであろう」という聖書の一節[原注1]が本当に実現すると信じて、私を呼ぶ人たちもいる。家の中にゴミを集めて捨てない人たちだ。ゴミを積み上げ続けて小さな丘や山を作ったはいいが、引っ越しを前に恐れをなした末に、結局私のような清掃業者に頼ってくるのだ。私は呼ばれればどこにでも喜んで行く。鋼鉄で作った特製ちり取りを掘削機《くっさくき》のバケットのように巧みに操ってゴミの山を崩しては袋に入れ、ほかの場所に運び出す。

口で言うのは容易いが、奇跡でも起きない限り、ゴミを片づける過程は熾烈で苦痛に満ちたものになる。エベレストに登ったジョージ・マロリー[原注2]ではないが、誰でも山の麓に立てば、人間がどれだけちっぽけで無力な存在なのか、本能的に悟るものなのだ。私が果たしてこの山をなくすことができるのだろうか。毎回立ち込める不安を払拭《ふっしょく》するには、心の鍛錬が必要だ。ゴミの山を動かすにはすずめの涙程度の自信だけではとても足りないので、ときには同僚たちと呪文を唱えてみる。

「山がいくら高いといっても所詮屋根の下！[原注3]」

不思議なことに、ゴミでいっぱいの家には硬貨や紙幣があちこちに転がっている。かなり昔からゴミ屋敷を掃除してきたが、例外はほとんどない。食べ物に交じって床に転がっていたり、机や流し台の上、トイレなど場所を選ばず、あちこちに置き去りにされている。ひどいものでは酢豚の汁の残った器や便器の中から拾ったこともある。地震でも起きてそのまま埋没すれば、ねっとりとした片栗粉入りの汁にコーティングされたまま、現行貨幣が化石となってしまうかもしれない。

お金とゴミの区別、すなわち価値あるものとないものの境界が崩れ、資本主義の原則論さえ打ち消されてしまうこの状況。ゴミを集める人こそ、黄金を石ころとみなす清貧思想の実践家、まさに聖人君子なのかもしれない。

朝鮮の音楽を集大成した『楽学規範』の編纂者として有名な成俔《ソンヒョン》が書いた随筆集『慵《よう》齋叢話《さいそうわ》』に、崔瑩《チェヨン》将軍の「赤い墓」と関連した奇異な説話が載っている。高麗の文臣として司憲部の糾正《きゅうせい》を務めたことのある崔元直《チェウォンジク》の「見金如土[原注4]」という遺訓を自らの一生の信条と刻んだ、その息子崔瑩将軍の、わが国を代表する清貧者になる過程が面白く描写されているのだ。それによると、崔瑩将軍は晩年に「わしにもし欲を満たそうとする卑しい心があるのなら、わしの墓に草が育つだろう。その心がなければ草は生えないだろう」と部下に啖呵《たんか》を切ったそうだ。実際に彼の死後、墓には草が一本も生えずただ赤い土に覆われていたという。その当時本当に草が育たなかったかどうかはわからないが、現在京畿道《キョンギド》記念碑第二十三号として自治体に管理されている墓には芝生が青々と育っている。

家の中にゴミを溜め込む人間こそお金をゴミのように扱う人なのだから、高麗から始まった崔元直の遺訓を引き継ぎ実践する、わが民族の魂の継承者だと言えそうだ。このような聖人君子の家を掃除しに来た一介の清掃員にすぎない私だが、お金を石ころとみなすほど無欲な人間にはなれなくても、十ウォン硬貨を一枚でもみつければ自分のポケットに入れることなく、すべてその持ち主である住居人に渡すことにしている。それが私に仕事を依頼してくれたことへの義理であり、恩返しではないかと思っている。

つまり、ゴミはゴミとして処理しながら、別途硬貨や紙幣を集めなければならない。これが結構厄介な仕事だ。ゴミ山のところどころに捨てられているコンビニのレジ袋の中に入っているかと思えば、床にべったりと引っ付いていたりもする硬貨を、一つ一つ見つけ出すのは容易ではない。また、その硬貨を拾うために毎回ゴム手袋を脱ぐのも煩《わずら》わしいし、そのたびに上体を折り曲げては伸ばすので腰も痛い。しかし、少しでも注意を怠ろうものなら、ちり取りの中にピザの切れ端と一緒に硬貨が入ってしまう。砂金採取用のファンを水の中に入れて砂を浮かせるように、ゴミをまず取り除いてから砂金を拾うように硬貨だけを取り出す。これもかなりの時間がかかる工程なのだ。

仕事を始めたばかりのころはこんな作業にうんざりし、腹が立つあまり、こんな悪態が口をついて出てきたものだ。

一体、なんでお金の扱いがこんなにもだらしないんだ。いくら少額でも、こんなふうに硬貨や紙幣をゴミの中に放っておいたらダメだろう。

しかし、ゴミの山を動かすという苦難に満ちた仕事を何年も反復しているうちに、自然と感情のとがった部分はなくなり、丸くなってきた。だからといって、ゴミの山を居住空間として受け入れ、そこに自分の大切な体を横たわらせることに何の違和感も持たない人たちに対して、お金とゴミがいっしょくたになっているのをみても、「なんでもないよ、あなたは悪くない」と言ってあげられるほどの自信はまだない。自分がいつの間にか、ゴミの中で汚物とともに転がり、泣いたり笑ったりする人生を天職として受け入れたからといって、そこまでの寛大さは生まれていない。それは、山など一度も登ったことがない者が、老練な山岳家の超然さだけを真似するようなものだ。

何か欲しいものはないかと目の前に立っているアレキサンダー大王に尋ねられ、「そこを一歩動いて私の陽なたからどいてほしい」と言ってのけた犬儒《けんじゅ》派の哲学者ディオゲネスが、もし私のゴミ回収の依頼人としてここに現れたとしたら、そんな金の価値など考えずに自分の幸せな「犬のような」生活を見失わないようにしろと、教え諭してくれそうな気がする。[原注5]

今日にいたっても、ゴミの中からお金を見つけ出す作業は決して楽しいものとは言えないが、それなりに耐えてやり抜くことはできる。置かれた状況が犬のようだという点では依然として変わりはないが、犬のように悠々と生活してこそ幸せだという主張も、人生を生きるうえで一つの方便にはなりうると思うので、反論するより徐々に順応していくことにしようと思っている。

黄金よ
いつかは、沈黙の石ころのように
ゴミよ
いつの日かは、輝く純金のように
貴賤の差別から解放された者にとっては
すべての瞬間が幸福なり

尿フェスティバル

異様さはあっても、特別大したことのない仕事だと思った。三十本、多くても五十本程度の尿が入ったペットボトルがあるので片づけてほしいというのだ。変わった依頼ではあるが、ペットボトルをすべて空にして電気消毒器で室内を殺菌するところまで計算にいれても、一時間あれば終わりそうだ。この仕事が終わったら午後は休める。そこまで考えると、運転してそのマンションに行くのが楽しくなった。いつもの二、三日かかる仕事に比べたら容易いものだ。ここに誰かの死が絡んでいるわけでもなく、ほかに処理すべき頭の痛くなるような家財道具もない。空中に舞う鳥の羽根を見つけ、フーフーと息を吹きかけては地面に落ちるまでの過程を楽しむ、そんな軽やかな気分に浸っていた。

——到着されましたか。じゃ、これからそちらに向かいます。大家さんもすぐ来られるはずです、私もその中の状態を確認する必要がありますので……。

大家もわざわざ来るのか。小さな仕事にしては、舞台の出演俳優が多すぎる。電話で仕事を頼んでここまで私たちを呼び出した若い女性は、不動産屋の代表ではなく「室長」という肩書だ。室長は大抵、お客が求める住居やオフィスを見つけるまで、同行しながら案内する役割を受け持っている。彼女の明るくてトーンの高い声が電話の向こうで鮮明な余韻を残す。私たちはドアの前に殺菌装置と大小の工具箱が入ったカバンを下ろし、今回の出演者たちが遅れずに来てくれることを願いながら待機していた。

固く閉ざされた鋼鉄のドア。ドアはいつもそうだが、私たちに何の暗示もしてくれないし、動揺も見せない。決して自ら先に何かを説得しようとしないのだ。私にカギや暗証番号が渡されていないのだから、ドアだって私の語りかけに応じる必要もない。ドアの前に長く立っていると、大きな姿見の前に立っているかのような気分になるときがある。何も映し出さない暗い鏡。けれども、この得体のしれないドアは、時間が経つにつれ、そうっと私自身の心模様を映し出し始める。仏家の面壁坐禅のようなものなのだろうか。私の内面の目を開かせてくれるのだ。今、自分はどんな思いに耽っているのか。その心はどんな色模様なのか。それまで見えなかったものが、少しずつぼんやりと見え始めた、ちょうどそのときだった。地面を衝くハイヒールの踵《かかと》の音が曲がり角の見えない向こうから聞こえたかと思うと、背の高い麗しい姿の女性が現れた。不動産屋の室長だった。彼女がためらうことなくドアを開けると、そこにはゴミの山と、限りなく並ぶペットボトルがあった。私たちは圧倒され、しばらく声も出なかった。ドアを閉めた状態でじっと前を凝視していた私だが、ドアが開いた瞬間、その鮮烈な光景に思わず目を閉じてしまった。

——室長さん、尿の入ったペットボトルは五十本どころか、三千本、いや、五千本はありそうですが……。

——ええ、私も大家さんに電話で、容易い仕事だと説明されました。でも、これは本当にあきれますね。とんでもない数……。

私たちが中を見回り驚愕しているところに、大家とみられる中年カップルが、年老いた両親を連れて登場した。ようやくすべての出演者がそろった。状況をすでに知っているのか、彼らは部屋の中に入ろうとすらしない。もしかしたら年老いた両親がこの家の実質的なオーナーで、子どもたちはただの代理人にすぎないのかもしれない。

広々した部屋の一つがロフト付きの構造になっているマンションだった。その床全体に尿の入ったペットボトルがあふれていた。特にトイレと簡易キッチンの前は足の踏み場もないほどだ。ロフトはもちろんのこと、そこにつながる階段にもびっしりと並んでいる。ペットボトルだけでなく、ピザやチョッパル（豚足）のような出前の食べ残しが室内のいたるところで小さな山々を築いている。捨てた炭酸飲料水の空き缶も千個は超えそうだ。

ドアの前に立っている大家たちは、これらすべてをきれいに片づけてくれるのかどうか、心配顔で尋ねてくる。最初は大家自身がこの仕事を請けてくれる業者を探してみたが見つからず、結局不動産屋の室長を通じてうちの会社を調べて呼び出してもらったということだった。この家の状況をかなりひかえめに知らせたのには、それなりの事情があった。

「まずは、来てもらおう。顔を見てから状況をよく説明して、何とか引き受けてもらえるように頼んでみよう、そういうつもりでした」

聞いたところ、賃借人が家を明け渡さないので訴訟を起こしていたが、ついに賃貸人側が勝訴して、片付けに取りかかってもいいという裁判所の判決が下りたという。法律上、賃借人が捨てたゴミも、本人の承諾なしにはたとえ賃貸人といえども手を付けることが許されない。捨てる気がなければ、ゴミも誰かにとっては貴重な財産となるのだ。

さっきまで仕事を片付けたら何をしようかとウキウキしていたのに、今はもうこの大量の尿をすべて処理しきれるのかすら自信がなく、心が押しつぶされそうだ。

ペットボトルに入った尿は、だいたいビールのように明るい褐色を帯びている。三、四本だけ残っているのなら、チキン専門店から配達されてきた生ビールのようにも見えただろう。しかし、ここには黒に近い非常に濃厚なものもあれば、レモンのように明るい黄色、そして市販のミネラルウォーターのようにほぼ透明に近いものもある。

試しにペットボトル数本の蓋を取り、中身を便器に流してみた。時間の経った尿を処理する仕事の最大の障害は、ひどいにおいなどではなく、頭痛を引き起こす強烈なガスだった。私たちは急いで防塵マスクを外し、防毒マスクに付け替えた。

まるで人生最高の幸運に出会って、一晩中パーティーに明け暮れているかのようだった。二十本のうち一、二本は、シャンパンのようにポンという音とともに蓋が勢いよく天井に飛んでいく。ビンテージワインのごとく、生産した年代別にじっくり熟成された尿を便器に注ぐ、まさに祝杯の時間を過ごす。尽きることのない数の蓋を開け、尿を便器に流し込んでいるうちに腰は痛み、手首は麻痺してくる。太腿《ふともも》まで跳ね上がる尿を避ける術などない。防毒マスクの呼吸バルブの中には汗が溜まり、働く間絶えず塩気を感じている。過酷極まる、尿フェスティバルだ。

持ち込むことはできたのに、部屋の外に持ち出すことはできなかったのだろうか。出前の食べ残しと、執拗なまでに集めた尿を見て、疑問が次々と湧き起こる。自分の体に属したものはすべて外に持ち出さないぞと、心に決めたのだろうか。それがたとえ尿であろうと。それならば、大のほうはどうなのだろう。便器に水は溜まっているが、長年使った形跡は見られない。洗面台もずいぶん昔から詰まったままのようで、かなり黄ばんでいる。ここに暮らしていた人が家の外に一歩も出ずに引きこもっていたわけではなさそうだった。自分は出入りしても、自分に属するものの出入りは許さなかっただけなのだ。

そのあたりを少しでもきちんと理解したかった。強迫的ホーディングといった分類に強引に当てはめることも、「正常でない人間」というタグを付けて不可解な領域に押しやることもしたくなかった。細い糸のような光でも目に見えるなら、それを通して彼の姿を丁寧に照らし出して向き合いたかった。しかし、私の思いとはうらはらに、残りの尿をすべて捨て、最後のピザ一切れを片づけおえるまで、理解の手掛かりのようなものは何一つ見つけられなかった。巨大な鉄門の後ろにさらに壁があって、行く手を遮られてしまっているかのような気分だった。この家に入る前に向かい合った、暗いドアの鏡が再び私の前に立ちはだかったのだ。得体の知れないものが再び私の内面にある違う目を開かせ、それを通してのぞき込もうとすると、結局は自分自身を見つめることになる。

理解しえない人が作り出した不可解なゴミを収集しに来た、この自分はいったい誰なのだ。

私がここにいる本当の理由は何であり、今自分は何を見つけようとしているのだ。

彼はなぜ私という人間に理解されなければならないのだ。

あえて私の判断の鎖に彼を縛り付ける理由がどこにあるというのだ。


他人のゴミを代わりに片づけているようで、実は自分の人生に山積みされた、見えないゴミを片づけているのではないか。絶え間なく一日一日を重ねてきた人生は、結局ゴミを捨てるためのものだったのか。

疑問が次から次へと湧き上がる。答えもなく、答える人もいない。面壁の問答というものは、いつもこうなのかもしれない。

疑問がまた別の疑問を生む世界。古い疑問と新しい疑問が出会ってあいさつをかわし、乾杯を繰り返す、さながら祝祭そのものだ。

最初一時間を予想していた作業は、丸二日かかった。初日ドアを開けて何も言えなかった不動産屋の室長は、仕事が終わったのを確認に来てまたもや言葉を失った。

あのゴミはみんなどこに行ったのかしら。跡形もなく、消えたんですね。まるで夢のよう……。

彼女の明るくてトーンの高い声が私たちを長い夢から覚ますかのように、ガランとしたマンションの空間に響き渡った。何のためらいもなく飛び出す素直な感嘆の声が、私にはとても心地よかった。

もしかしたら彼女の言う通り、このすべてが夢だったのかもしれない。一人だけの夢ではなく、みんなが一緒に見た夢。夢の中で賃借人は限りなくゴミと尿を集める役割で、私はどんなゴミでもひるむことなく、小言一つこぼさずに片づける役割。そして室長はその過程を見守りながら、驚き、感嘆し、大家に結果を報告する役割を果たす。

考えてみれば、実に汚く、悪臭漂う夢だ。なのに、私の心はいつになく軽くなっている。大量の汚物を片付けた解放感に加え、室長が感嘆の声をあげてくれたことで、ときに惨めに感じてしまう私の仕事を肯定してもらえたように思ったからかもしれない。

ネコの抱き上げ

ネコが死んでいるという電話が今日だけで三回来た。まるで私が大きな鎌を振りかざしてネコの首を取りに行く死神になったかのような気分だ。ネコを家族と思い、十年ともに暮らしてきた愛猫家として、個人的にはネコが脱いだ靴下があれば、そっとツナ缶の一つでも入れていくサンタクロースになりたい心情なのに、どういうわけか、ネコが死ぬと現れる死神になってしまう。

今日こんなにも電話が殺到するのは、一昨日まで降り続いた雨のせいだ。長雨の間ネコは雨を避け、寒さに耐えるために奥まったところにもぐり込むが、そこで低体温症になって死に、その腐敗するにおいが人間を苦しめるのだ。「腐敗ネコ専門」などというビジネスはないので、探し回ったあげくにたどり着くのが、私のような汚くてにおいのひどい現場もいとわない特殊清掃業者なのだ。においもにおいだが、ネコの死体にはハエがたかり、ウジが湧く。自分自身を何度もはげましながらでないとできない大変な仕事だ。

健康なうちは、ネコはとても優雅だ。一定のしつけが必要な犬と違って天性で大小便をわきまえるし、いつも体中をなめてきれいな毛並みを維持している。地方都市や北漢《プッカン》山《サン》国立公園の進入路周辺などでたまたま見かける山犬の、だらしなく、常に追い回されているみすぼらしい姿に比べれば、ネコは野良ネコといえどもいつも気品のある姿を保っている。人間とはいつも逃げるに十分な距離を置きつつも、目をつぶって日向ぼっこをするような余裕すら見せている。

その優雅さに魅せられた人間たちは昔からネコを愛してきた。古代アイギュプトス[原注6]のブバスティス市民は育てていたネコが自然死すると、喪服を着、眉を剃って、哀悼の意を表したという。そしてさらに市が提供する神聖な空間でネコの死体をミイラにし、葬儀を執り行うために防腐処理の専門家まで雇ったらしい。エジプトの古代壁画によく見られる、体は人で頭はジャッカルのアヌビスは、葬礼と防腐処理、ミイラづくりをつかさどる神でもある。アイギュプトスの神はネコと人間を同等に扱っていたのだ。

年々服のトレンドが変わっていくように、ペットとして人気を獲得する動物にもブームがある。一昔前まで人気ランキングでは下位に追いやられていたネコが、いつからかわからないが大きな愛情を一身に受けるようになった。いっときその鳴き声が赤子を連想させることから、縁起が悪いもの、不吉なものの象徴とされてきた野良ネコだったが、今は常にエサをやり世話をする、地域別の「キャッツママ」まで現れた。ネコをペットとして受け入れた者の中には、その愛くるしさに魅了され、飼うというより、「執事」のようにネコに仕える感覚の者も少なくないだろう。

しかし飼いネコが多いだけに、皮肉にも捨てられるネコも多い。愛されていても突然家出をして自ら野生生活の道を選択するネコもいる。そうやって野良ネコ化して、昼も夜も都市の奥まったところに住み、絶えず繁殖活動を繰り返す。ふた月で四、五匹程度。生まれるネコの数は幾何級数的に増えていく。そしてネコたちは都市のいたるところで死を迎える。狭い小路、塀と塀のすき間、屋根の上や地下室、多世帯住宅のボイラー室、カラオケ店の天井、倉庫の軒下、エンジンを切ったばかりの自動車の温かいエンジンルーム……。雨や真夏の熱気、真冬の寒風さえ避けられるなら、どんなに狭くて危険なところでもそこはネコの安息地となり、死地となる。

死者宅を片づける仕事と、死んだネコを片づける仕事のうち、どちらが大変かと聞かれたら、一瞬のためらいもなくネコの処理だと答える。地面で死んでいるネコを抱き上げるのは、何度繰り返しても慣れることはない。においもにおいだが、持ち上げるときに、軽ければ軽いで哀れであり、重ければ重いで痛ましく思われるからだ。死んだ子ネコを片づける姿を遠くから見守る親ネコの姿に心が疼《うず》き、死んだ親ネコを処理する間、付きまとう子ネコたちを追い払うたびに胸が痛む。動物と直接意思疎通する、神秘な能力を持つというアニマルコミュニケーショナーによると、ネコは人間の感情に似た喜怒哀楽を感じるという。これが事実かどうかは全くわからないにもかかわらず、そんな話まで聞いてしまうと、普段何気なく見過ごしていた野良ネコも、出会うたびに不憫《ふびん》に感じてしまう。

どうか元気でいてくれ。私がしてあげられることは、邪魔をしないように距離を置き、心で応援してあげることぐらいだ。いつか死んだ姿に出会ったら、優雅だった頃の姿を思い浮かべながら誠意をもって弔ってあげよう。だから、どうか生きている間だけでも幸せに……。

地獄の扉

——はい、もちろん私どもはそういう仕事もいたします。

大人か子どもかわからないほど幼げな声の女性が、家にいる動物を処理してくれるかと聞いてきた。「ネコたち」と言ったので、一匹ではないという意味だろう。天真爛漫な声に惑わされないように慎重に話を聞かなければならない。大体は、通話の初めの何言かに最も客観的な状況が露呈する。相手の説明に頼るより相手の感情を感じ取るのに集中したほうが現場の状況を把握できるときもあるのだ。

——我が家ではないんです。ネコたちはずいぶん前に死にました。ゴミも多いし。あっ、ネコたちみんなが死んだわけじゃありません。

——じゃ、ネコは何匹いるんですか。

——うん……よくわからないんですが、七匹？

——死んだネコがですか？　生きているネコがですか？

——死んだネコです。

相手が一瞬のためらいもなく快活な声で答えるので怖かった。

——では、生きているネコは何匹なんでしょうか？

——わかりません。一匹、それとも二匹？　もしかしたら三匹以上かもしれません。

約束どおり三日後にその店舗兼用のアパートを訪ねた。生きているネコはペットホテルに預けると言っていたが安心はできなかった。地下に車を停めてスマートフォンを取り出し、彼女が送ってきたメッセージを再確認する。

残りの子たちは、ホテルを予約しました。問題ないと思います。

目でメッセージを読みながらも、耳にはあの幼く頼りなさそうな声が聞こえてくるようだった。

清掃道具を台車に載せ、エレベーターが来るのを待つ。七匹の死んだネコが放置されている、〝問題がない〟という部屋は、この建物の十五階にある。

すべての希望を捨てろ、ここに入ってくる者よ。[原注7]

玄関のオートロックの暗証番号を押したとき、実際に開いたのはネコの地獄の扉ではなかったか。

トイレのある狭い通路を過ぎると、広々とした部屋があり、家庭用にしては大きすぎる鉄製ケージに目が釘付けになった。人の背ほどのケージが二つツインビルのように適当な距離を置いて向かい合っている。その中には、事前に説明がなかったら一体何の動物かわからないほどに腐敗して薄っぺらになった皮だけのネコが重なっている。部屋の床にはハエになれずに、成長を止めた赤いウジが小正月のお粥の中の小豆のように散らばっている。足を踏み出すたびにブチッブチッと球体のつぶれる音がする。動物が死ねば例外なくハエがたかり、その死体を栄養に繁殖して数を増やす。人が死んでも同じだ。地球の生態系において、ウジこそ死から生を生み出す、最も逆説的な存在なのかもしれない。

二つのケージを囲んで、脱臭剤の入ったプラスチックの噴霧器《ふんむき》、殺虫剤の入ったアルミニウムのスプレー缶、ペットフードのビニール袋などがゴミの山をなしている。惨い状況に比べてにおいがそれほどひどくないのは、今まで死んだネコにありとあらゆる化学薬品を撒き続けたためだろう。

いろいろなものが複雑に入り混じったまま、家のいたるところに生まれたゴミの山に比べると、ベッドの上は神が地獄に残した唯一の聖地であるかのように真っ白で清潔な空間を作っている。ベッドの枕側の壁につながれたスマートフォンの充電ケーブルがマットレスの上に延びているのを見ると、最近まで誰かがここにいたようだ。死んだネコに脱臭剤と殺虫剤を撒き続け、生きたネコにエサと水を与えてきた人だろう。

どこから始めようか。

煮汁がたくさん溜まったままの中国料理、骨だけ残ったフライドチキン、ピザの食べ残しなどのゴミの山も、ケージに比べたら大したことはない。まずはネコの死体から片づけよう。死んだネコが重なり合っている二つの地獄絵図をそのままにしておいては、ほかの作業に手をつける気になれない。防毒マスクをかぶって工具箱から鉄製ネットを切断するニッパーと細長いボルトカッターを取り出す。いよいよ地獄の実態をさらけ出すときがきた。

ケージの中にはパーテーションごとに別種のネコの毛皮が張り付いている。白いのはロシアンブルー、クリーム色はシャム、明るい褐色にところどころ白い縞模様があるのはアメリカンショートヘアー……。普段からネコを愛している人間だからこそ、この悲惨な状況でも毛色だけ見て種を区別することができてしまう。トラは死んで皮を残し、人は死んで名を残すという。そのことわざに込められた名誉至上主義と度の過ぎる人間本位の世界観が私には気に入らなかった。名前を残すことが死を前にしていったい何の意味があるのだろう。動物も人間のおもちゃや飾り物になるために存在しているのではない。このことわざだけは、この世から必ずなくなるべきだ。

鉄製ネットの立体面と、横切るパーテーションをすべて取り外そう。ケージの床にはもっこり盛り上がったフンの山とともに殺虫剤で命を失ったウジやハエの群れ、ネコの骨や毛皮がゴチャ混ぜになっている。ただネコの関節だけが生きているときの形を何とか残している。生きているときは澄んで神秘の輝きを放っていた両眼までも、ここを占領した虫たちにすべて食いつぶされていた。八重歯だけは依然として鋭い形を露出したまま、口を閉め切れずにいた。八重歯の間に露出したゴマ粒ほどの歯の列が、地獄のごときこのすべての光景が悪夢ではなく、厳然たる現実であることを思い知らせていた。

ネコの頭骨を一つ一つ取り上げるたびに、見えない手が私の体に侵入してきてかろうじて死なない程度に心臓をぐっとつかんでいくようだった。死んだネコは合わせて十四なかった。生まれたばかりのシャムネコの子は、内臓をすべてほじくり食べられて腹部がだった。

作業を終えてその家から遠く離れてもしばらくは何も言えなかった。車で河畔道路の長い距離を走ってオフィスに戻る間にも私の耳には何も聞こえないかのようだった。何か食べたら気分が変わるかもしれないと思い無理やり食事を用意したが、口の中に何を入れて嚙み、飲み込んでいるのかもわからなかった。

死んだネコは今まで数限りなく見てきた。都市部は、さまよう野良ネコにとって適切な安息の地だが、病気になり、食べるものがなくなると、すぐさま墓となる。死んだネコの腐敗臭がいつも私を呼び出した。だが、私が片づけてきた野良ネコたちは、危険な環境でも自由を享受して生きていた。誰かに拘束されることなく、心行くまで通りを闊歩し、屋根の高いところに立っては、「フン、人間様だって、所詮わが足の下じゃないか」と威張って見下ろす。弱ければ命を落とすという野生の法則は避けられないが、最低限野良ネコたちは、生きている間は自分で自分の生き方を決められた主人公なのだ。

死んだネコ十四にとっては、幽閉された鉄製ケージの中の世界が生きている間の経験すべてだ。住宅街でひっそりと運営される動物工場のようなものだったのだろうか。人間の徹底した管理と統制があったのが、どういう理由かあるときを境に断ち切られてしまった。ケージの中に監禁されたまま誰も来ないと、ネコたちはまず惨い飢えとのどの渇きに襲われる。そして、その場から出ることもできない絶望感と、自分の面倒を見ていた人間の背信行為に対する憤りが順を追って襲ってきただろう。ほかのパーテーションの仲間たちが一匹一匹絶命していき、いつの間にかそのケージ全体が地獄と化していった。

明日の朝、動物保護団体に電話して相談してみよう。

さまざまな考えが頭から離れなかった。複雑な思いに苦しめられなかなか寝付けなかったが、ようやく朝方になって少し落ちついた。

朝の最も冷えこむ時間になると、いつものようにうちのネコがベッドに這い上がってくる。いつの間にか脇の下に潜り込み、私の肩を枕にして眠ろうとする。いつもこの場所だ。こいつには、家の中で唯一体が温かい存在である私がオンドル部屋というわけだ。

朝方のこのお客は、私の懐でグーグーと慣れ親しんだ声を出したかと思うと、ブルブルッと体を震わせる。そしていつの間にか呼吸が単調になっていく。鼻と耳の辺りがチョコレート色に染まった繊細でかわいらしいシャムネコは、完全に身を委ねて安心したように目を閉じ、眠りについた。
それと同時に突然昼間見たシャムネコの子の悲惨な姿が思い浮かぶ。目がなくなり口を閉じることができない頭骨……。見えない手が私の寝床にまで上がってきて再び私の心臓をぐっと握った。ネコを起こさないようにそうっと寝返りを打って起き上がる。まだ朝早い時間だが、顔でも洗おうか。今日は少し気持ちを奮い立たせるために、ロックでも聴きながら一日を始めよう。

〝ネコは「すべてのものは人間に尽くさなければならない」という定説をくつがえすためにこの世に送り出された〟

ロックバンド、スリップノットのベーシストだったポール・グレイはこう言い残した。三八歳でこの世を去ったロックンローラーのこの言葉は、私にとって否定しがたい真理だ。人間のために存在する動物などいない。高い人間とそれに仕えるだけの低い人間がいないのと同じように。

いつか野良ネコを処理してきた褒美としてネコの天国の扉に何か文字を刻める栄光を与えられるとしたら、詩人やロックンローラーの真似をしてこう書きたい。

すべての存在はそのままが尊い。その瞬間だけが我々に天国の扉を開けてくれる、と……。

書架

書架に差し込まれた大量の本に思わず圧倒された。今回依頼があった家には相当の読書家が住んでいたようだ。女なのか男なのかも聞いていない。ただ分野や難易度にこだわらず、やたら読みまくった乱読型の読書家であることだけは確かだ。

普通の人の背丈を超えるほど高く黒い木製の書架には、古い本から出たばかりの新刊まで並んでいる。大きくて分厚い本と、小さくて薄い本が仲良く間を空けずに擦り寄っている。一九七〇年代の色褪せた文庫本から、最近流行りの心を癒すためのエッセイまで、五十年余りの歳月の痕跡が密集している。もしかして書架は、非情な収容施設のようなものかもしれない。そういう意味で今日を、赤い革命の日と呼ぶべきだろうか。なぜなら今日、私はこのすべての本を赤い色の袋に詰め込み、この家から解放してあげるからだ。本は集めると実に重量のある存在になる。これほどの量になると担ぎ出すだけでも二時間は優にかかる。それを思うと余計肩が重くなる。実際重いのは肩ではなく、その上にある本なのだが……。

遺品を整理する者に本をきちんと整理するコツは何かと聞いたら、ただじっと誘惑に耐えることだと答えるだろう。急いで本を袋に詰めようとはするが、本の題名は自然と語りかけてくる。まず見覚えのある題名が話しかけてきては、すぐに姿を消していく。初めて見る題名は、遠くで澄まし顔をしながらも、何気なく問いかけてくる。

「一回ぐらい、めくって見たらどうです？　どんな本なのかぐらいは知りたいんでしょう？」

執拗な誘惑だ。それでなくても死者宅を片づけるのに、猫の手も借りたいほど忙しいっていうのに。

韓国で製本する人たちは書架に差したときに題名の見えるほうを背中、めくるページのほうを腹と言うらしい。本を人間に喩《たと》えるのはどの国も同じようだ。西欧では本の背中をそのまま脊椎と言い、我々が本の腹と呼ぶ部分を日本では小口《こぐち》と呼ぶ。本は、それを買って読む人の臣下のようだ。臣下たちは主君に尽くしているようでも、それぞれ勝手に自分の主張をし、主君の背中を押す。「わたくしの意見を受け入れてくださいますように」と。その主張がもっともらしければもっともらしいほど、主君、すなわち読者の背中は強く押される。この多くの本を読むことで、家の主人は生きている間にどれだけ背中を押されたことだろう。臣下たちの中に相反する主張がある場合、どうやってそれを和解させ、自分の進む方向を調整していったのだろう。

書架から本を一、二冊ずつ取り出し、その空きスペースが徐々に広がれば広がるほど、死者に対するイメージはより具体化していく。すでに多くの本が私に証言を残して消えていった。私はその人を、しばらくの間アメリカで働いていた電気技術者として描き出していた。職業に対する偏見からか、その人は男性に違いないとしか思えない。キリスト教徒ながら、宗教にはずいぶん前から興味を失っているようだ。年老いてから写真を撮る趣味ができたが、人間よりも渡り鳥といった自然を撮影することに惹かれていた。小説のように誰かが創り上げた話よりは、現実に基づいた叙述に関心があり、何よりもこの世界に対して多方面にわたる問題意識を持っている人だ。

青い作業服を着た血気盛んな男が裏小路の酒場にいる。かばんには電気テスターと絶縁グローブが、首からは円筒形のレンズの付いたカメラが下がっている。袖をまくり上げた腕には、遠くから眺める川の流れのような太い血管が浮き上がって見える。酒が進むにつれて声が大きくなる。この世への関心が多様なだけに、数多くの矛盾と問題を感じているのだ。昨今政府は何をまず課題にしなければならないのか。汎国家的な経済危機の中で企業が進むべき方向はどちらなのか。宗教界はどのように反省し、省察の声を上げなければならないか。人類は人間性回復のために何の努力をすべきか。顕微鏡で見るようなミクロの世界ではなく、望遠レンズで遠くを見るマクロの観点に立って診断を下しそうな人だ。その強烈な主張の前では、テーブルもこぶしで叩けばすぐに倒れそうなほど軟弱に、箸もみすぼらしいほど細く、器もかわいそうなほど安っぽく見えてくる。ましてや酒場の様子は、このお客が思い描く世界と比べるとあまりにチマチマとしていて貧相に見えてしまう。今、私はそんな往年を送った男の大きくて重々しい書架を、あまりにも軽薄な手さばきで処理してしまっているのかもしれない。

書架の本を片づけると、たくさんの棚と空の引き出しだけが虚しく残る。もう何も私に語りかけてくるものはない。本の絢爛《けんらん》たる背中の代わりに、積もり積もったほこりが目につく。書架のやせ細った骨格がまるで死んだ男の背中のように見えてくる。健康で広くて逞しかったはずの彼の背中は、すっかり年を取り弱々しく見える。

書架はその持ち主にとって十字架のようなものだと私は思う。空の書架を見ていると、一生の間に彼が背負ってきたものが何だったのか、浮かんで見える。多くの信念と信条。この世の見方。人生の目標とその貫徹への意志。負わされた家族の生計。私的な欲望と繊細な趣向。喜んで背負い込んだものもあれば、生きている者なら誰しもが否応なしに背負わされたものもある。

彼は今、十字架のような書架を残して遠く去っていった。黒い木製の書架は、いとも簡単に解体された。そして軽い一枚一枚の板となってトラックの荷台に載せられ旅立っていく。釘を打ったかのように彼の肩や手をつかんで放さなかったものは、もう何もない。

　ついに部屋は完全にガラ空きになった。

　後で家族に聞くと、今回亡くなったのは女性で、十年余りの歳月を独りで過ごしたという。早くに亡くした夫の所有物をそっくりそのまま譲り受け、死ぬ日までそれらとともに暮らしたそうだ。夫の書架は彼女の書架となり、夫が背負っていた十字架も妻の十字架として譲り渡されたのかもしれない。でも、歳月というものはこのようにそのまま譲り渡せるものなのだろうか。一つはっきりしていることは、ある日突然やってきた取るに足らない清掃員に、そうそう許れるような大きさのものではないということぐらいだろう。

布団の中の世界

通りの名が書かれた青色サインボードを探すまでもなく強烈なにおいが私を出迎え、目的地の半地下住宅の前まで案内してくれた。玄関のドアを開けて暗闇の中でスイッチを入れたが、電気はつかない。料金未納による電気供給の中断なんて今どき珍しいことではない。壁に設置された、カバーもないブレーカーを見つけてレバーを上げると、わずかにトイレのドアのすき間から、点滅している光が見える。少し驚いた。電気が断たれたわけでもないのに、誰かがわざわざブレーカーのレバーを下げておいたのだ。ここは警察以外には誰も出入りしておらず、その警察もあえて電気を遮断する理由はないはずだ。

台所を兼ねた小さな居間を見てまわり、心を落ち着けて寝室のドアを開ける。わざと作って見せた余裕とはうらはらに、死者が発するにおいは遠回りすることなく即座に私の息を詰まらせた。部屋の明かりもつかないこの家で光があるところといえばトイレだけで、それでさえ電球の寿命がきたのか、点滅してSOSを発している。

三十代の男性が長い間閉じこもっていたというこの半地下の家は、もうすぐ正午になるこの時間帯でもかなり暗い。「闇の家」と呼んだほうがいいのかもしれない。スマートフォンのフラッシュライトをつけて部屋の左端から右端へと照らして見る。まるで暗黒の海を浮かび上がらせる灯台のようだ。

円形に広がる光はまず貧しい生活ぶりを映し出し、次に壁全体を覆っている褐色の暗幕カーテンを照らし出した。暗闇が故障した照明や半地下という構造からくるものだとすると、部屋に漂う暗鬱な雰囲気はこの重苦しいカーテンから生まれるのだろう。これから真っ先にやるべきことは、取り払って外の光を取り入れることだ。

敷居を越えて、カーテンのあるところへと一歩踏み出す。その瞬間床からグチュッと液体が滲み出る音がする。靴カバーを履いているとはいえ、床の状態を事前にしっかりと確かめるべきだった。しかし、今となってはしようがない。そのまま前に進むしかない。

カーテンを開けると真昼の陽光が遠慮なく私の目を襲い、同時に空中に舞い上がったほこりを一斉に輝かせる。いざ開けてみると、地下のわりには光がちゃんと入ってくる。四方に生えたカビが、ほぼ真っ白だった壁紙を黒紫色に染め、下から天井に向かって広がりを見せている。

予想はしていたが、私が踏んだのは厚い綿布団だった。綿布団が濡れているのは死体から流れ出た血をすっかり吸い込んでいるせいだった。ベッドがないかわりに部屋じゅう隙間なく布団が敷き詰められている。通報を受けてやってきた警察が血溜まりの部屋に靴を濡らさず入るために、手当たり次第に毛布を投げ入れた可能性もなくはないが、どうやらこの家の住人が布団を敷いたまま生活していたように見える。死者は電気を拒み外出をしないまま、この綿布団の中でだけ過ごしていたのかもしれない。

人が死ぬと、その体は映画やドラマで見るように、寝た姿そのままでは維持できない。脳卒中や心筋梗塞のような循環器関係の疾患や肺塞栓《はいそくせん》症のような肺疾患で死亡した場合、二、三日放っておくと、とてつもない量の血と液体が体から流れ出る。首を吊って死んだ場合は、直立したまま伸び切った死体が、筋肉を調節する力を失うことによって、あらゆる汚物を排泄する。「人間の肉体は有機的な化学工場のようなものだ」とは、よく使われる言葉だが、かなり適切な比喩だと言える。人が死ぬとバクテリアが増殖してあらゆる臓器が膨れ上がり、風船が膨張して破れるように腹部を破裂させ、さまざまな液体を体の外に排出させる。成人男子を基準にすると、体で水分が占める比重は六五パーセントだ。人体の有機物質と体内の水分は、ともに流れ出て腐敗し、地下の窓や壁を突き抜けて裏通りの入り口にまで悲劇的なほどの臭気《しゅうき》を漂わせる。

濡れた綿布団を衛生袋に入れるには、どうしても小さく丸めて、体積を小さくしなければならない。血や腐敗した体液をたっぷり吸い込んだ綿布団を処理するのは容易いことではない。濡れた綿布団は想像を絶する重さで、健康な成人男子が両手で力いっぱいつかんでも思いのままに扱うことができない。おまけに少しでも油断すれば腕や胸が血まみれになる。そのため布団を手に取るときは、自分の体から可能な限り遠くに離さなければならない。

綿布団を丸めて袋に分け入れる。額の汗が流れて両目に入り、口からは焦げたようなにおいがする。このぐらいになると、周りのにおいは大して気にならなくなる。いつも苦痛というものは、それより大きな苦痛が訪れると忘れられ鎮《しず》まるものなのだ。

厚い綿布団をすべて処理すると、今度は別の新たな光景が目前に広がる。床に薄い毛布が何枚かだらしなく敷かれているだけでなく、まるで魔術師が残した円形の結界や魔法陣のように数多くのロウソクがパラフィンの根元だけを残したまま溶け流れ、床に張り付いている。その中には血に染まった十冊あまりのノートと、読めないほどの小さい文字の書かれた紙が散らばっている。テレビやパソコンもない。冷蔵庫の中にも何もなかった。ただプラグが抜かれたまま、赤黒い血が羊羹《ようかん》のように固まっている床の上に放置されている。

本当に人が住んでいたところなのだろうか。無所有を追究する仏教徒のような生活だったのだろうか。プラスチック製のボックスの引き出しには薄いTシャツ数枚とベルトが一本、その上の引き出しからは、白い薬の封筒の束があふれ出ている。処方箋には、ある大学病院の神経精神医学科が診療先として記載されている。誰かがこのような状況で独りで生活せざるをえなかったとしたら、おそらくそれは地獄にいる気分だっただろう。

外からカギをかけられたまま一日一度の供養だけを受け入れ、命を懸けて勇猛精進《ゆうもうしょうじん》するという仏家無門関の修行も、この食べるものも暖気も誰かの訪ねた痕跡もない地下の生活ほどではないだろう。死者は自ら電気を断ち、暗幕カーテンでこの世との壁を築き、さらに布団をかぶったままロウソクを灯して、必死に何かを書き続けていた。そうして、ある日死に至って初めて、人々は彼を見つけ出して外界に引っ張り出した。正確には彼を見つけたというより、悪臭漂う原因を突き止めたというべきだろう。

紙に何をそんなに執拗に書き込んでいたのだろう。記録の中には、数字ぐらいしか読み取れるものはなかった。不規則な数字の配列、そして答案の採点をするかのように付けた丸やタテヨコの直線……。連続的な意味も独立的な意図も全く把握できない。忘れないようにと自分のために残した備忘録なのか、それとも外の人間たちに伝えたかったメッセージなのか。彼がそれまでに必死に残した記録は、妄想や幻覚にとりつかれた、鬱病のような慢性的な精神障害の証拠資料にすぎないのか。彼の人生そのものが本当に苦しい修行のようなものだったなら、死ぬほどひどい苦行の結果として最後に辿り着いた真理とはいったい何だったのだろうか。

地下生活の痕跡をなくし隅々の清掃まで済ませても、彼の人生を理解するための糸口は何も見つけられなかった。自らを地下に幽閉し、暗闇の中で厚い布団をかぶり、死にいたるまで、何に没頭していたのか全くわからない。けれどもこの家での数日間、彼に対する疑問を繰り返しているうちに悟ったことがあるとしたら、それはここで見たものすべてが、私自身の考えの反映でしかなかったということだ。

この家を片づけながら深い孤独を見たとすれば、それは結局のところ、自分の観念の中にある昔からの孤独を再現してみただけのことだった。苦痛と絶望を見たとすれば、今もなお手放せず心に秘めている私の人生の苦痛と絶望を取り出し、この地下のおぞましい生活に透かして見ただけのことだった。若くして精神を患い、自らを維持できずに死んでしまったかわいそうな男を見たとすれば、まるで人生の宝物のように大事にしまってきた、私自身の過去の不幸をその男にそっと転嫁して、自分は大丈夫なのだと知らん顔をしているだけのことだったのだ。私はいつも自分自身を見るように、他人やこの世を眺めている。これがこの地下の部屋に来て、私が唯一知ることのできた真実だ。

一度も会ったことのない男。暗闇の中で布団をかぶり、ロウソクに火を灯す男の顔を思い浮かべてみる。その暗闇があまりに深く稠密《ちゅうみつ》だったために、芯を燃やしてロウソクの明かりが燃え上がるその瞬間は、さぞかしまぶしくて明るかったことだろう。そして揺れ動く明かりに照らされた彼の顔は、どんなに純粋で熱いものにあふれていたのだろうか。そんな想像をするといきなり涙がこみ上げ、眼前の世の中を曇らせる。

彼は彼自身の人生を生きただけだ。最期の瞬間を迎えるまで彼は死力を尽くして自分の人生を生きただけなのだ。

隠されたもの

マンションのエレベーターを一緒に降りた男が、一歩先で廊下の角を曲がろうとする私たちを呼び止めた。その男はエレベーターが上昇する間何度も空咳をして、前に立っている女性を振り向かせていた。

——ちょっと、すみません。お二人だけで行って見てきていただけませんか。ぜひ、そうしてください。私はここで待ってますから。

依頼のあった七一〇号室は、廊下の突き当たりの非常階段前の部屋だった。そこへ行くには廊下に沿って九世帯の前を通り過ぎなければならないが、男は依頼の部屋の玄関どころか、七階に降りてすぐの部屋の前すら通れないというのだ。七一〇号室のオーナーである彼の姉は、家族で唯一の男だということで弟を代理人として来させたのだが、その期待に沿えず、早々と白旗を揚げてしまった。考えてみれば、年を取っても気味悪く怖い気持ちは同じで、こんなときは年齢や性別に何の意味もない。人が自殺して長い間発見されずにいた部屋。おまけに死んだのは一人ではなく、二人。心中した賃貸者の家を見るとなれば、誰だって尻込みする。自分が慣れているからといって、他人に無理強いするのは酷な話なのだ。

――なら、外で待っててください。私が部屋全体の写真を撮ってから、それを一緒に見ながら相談する方法もありますから。終わり次第、電話します。

玄関のドアノブの上には五百ウォン硬貨より若干大きい穴が開いている。中から施錠されたドアを開けるために電動ドリルにホールカッターを付けて、錠前をそっくり抜き出したのだろう。ドアの前面には料金未納により都市ガスの供給を中断するという告知文がいくつも貼り付けられている。その少し上にはまるで不運を呼ぶ呪符《じゅふ》のように、黄色い紙に赤い字で「予告した通り、都市ガスの供給を中断した」と印刷された「都市ガス供給中止完了通知状」が風になびいている。その周辺には書留郵便の到着を知らせる別の通知書も無秩序に貼られている。

貼り紙があるのは玄関のドアだけではなかった。家の中に入ると、冷蔵庫やテレビ、パソコン、洗濯機などの家電製品に、物品名と日付の書かれた、「赤紙」と呼ばれる差押え通知書が貼られていた。数えてみると七枚だった。赤紙は、これを購入して使用していた人の身に何が起きたかに関係なく、新たな持ち主が別にいることを示すものだ。剝がしただけでも違法となる、実に恐ろしい効力を持った現実社会の呪符なのだ。

マンションオーナーの弟は、家の中の写真を見たいかという問いに最初はためらっていたが、差押えの札が何枚も貼られていると伝えると、見せてくれと答えた。

「この差押えの紙がついている限り誰もこの部屋のものを処分できません。新たな持ち主がいるということですから。最初にこの札を貼った裁判所の執行官に連絡して、今の状況を知らせ、差押えを申請した人が誰なのかを調べなければなりません。法的な助言が必要ならば、この問題に詳しい代理人を紹介します」

私の助言を受け入れたマンションオーナーの弟はその後随時、調査の進捗状況を知らせてきた。差押え申請をした債権者はカード会社で、債務者である中年夫婦が自殺したことを伝えるとすぐに債権回収を放棄したという。人が死んで長い間放置されていた家の家電製品など、財産になるどころか、かえって料金を払って処分しなければならないやっかいなゴミでしかないということをこれまでの経験からわかっているのだ。カード会社が差押え解除を申請し、それを裁判所が受け付けるまでの、すべての手続きが済むまでに一か月程度かかった。

再度その家を訪ねる。最初に連絡を受けて行ったときはすでに彼らが死んで五か月が経っていたので、結局私が家を片づけるようになるまでに半年を要したことになる。

子どもなしで二人暮らしをしていたにしては、ものが多かった。そのせいで人が動ける空間すらあまりなかった。収納の引き出しには、ブランド品の入っていた紙袋や品質保証書などがあふれている。ブランド品そのものは見当たらなく、ただそれらが存在していたという証拠だけが残っている。遠くに住む遺族が何度かやってきたというが、金目のものはすべて持ち出されてしまったのだろうか。二人が生前にぜいたくな高級志向の生活をしていたことを親戚が妬んでいたかもしれない。

家の中にはほかにも装飾品の小物がたくさんあった。子どものいない夫婦なので、より互いへの愛情が強くなるのか、二十代の新婚夫婦にも劣らない、見ているこちらが気恥ずかしくなるような、愛をモチーフにした飾り物や人形、額縁などがあちこちに置かれていた。この多くの愛の象徴物と、天井から吊るされた天蓋《てんがい》カーテンに囲まれたベッドで練炭に火をつけて死を待っていた二人を思い浮かべると、胸がとても痛む。誰よりも互いの愛情を追い求め、確かめ合いながら暮らしていたように見える。

ぜいたくさの裏には幼いころの骨身に沁みる貧しさがあり、愛の装飾品で家中を飾ろうという思いの底には、愛されずに捨てられてしまうのではないかという恐怖がある。この家にはそれらが複雑に絡み合っていた。

二人がともに横たわって死を迎えたと思われるベッドは、黒褐色の染みがついていた。この染みこそが、ともに生活してきた夫婦の最後の共同作品だった。腐敗物にひどく汚されたベッドを外に持ち出すには、マットレスを解体して骨組みを切り分けなければならない。血や分泌物で汚れたマットレスを解体するのはやっかいで手間がかかる。このような高級なマットレスは、ことさら構造が複雑だ。おまけに二体の体から流れ出た分泌物をたっぷりと吸い込んでいる状態なので、よほど気を引き締める必要があった。

まず血の付いた布団と毛布をビニール袋に入れ、マットレスの三面のチャックを開けて表層のカバーを剥がし取る。次にマットレスの角ごとに打ち込まれたピンをニッパーで切断する。ピンを取り除いても、内部から何かで固定していて二番目の層は剥がれない。仕方なくマットレスの上に乗り、血の付いていない部分に立って、闘牛士が牛の角をつかんで死闘を繰り広げるように、力ずくで引き剥がす。力のいる大変な作業だ。防毒マスクの中の呼吸口には、紙コップ一つではすくいきれないほどの汗が溜まる。

さらに高級なマットレスにだけ内蔵されているラテックスフォームを剥がす。マットレスの各層を一つ一つ取り除くたびに、血痕は少しずつ小さくなっていく。ラテックスフォームに次ぎ、綿で作られたもう一つの層を剝ぎ取ると、大きな一つの染みが、接しながらも二つの楕円形の染みに分かれ始める。そして、スプリングを包む白布が現れると、二つの肉体が作り出したそれぞれの染みがはっきりと分かれる。丸い二つの染みがここに二人がいたという証拠であると同時に、同じところに横たわって同じ日に一緒に死んだという明白な証拠だ。

鉄製の骨組みだけが残ったマットレスを壁に立てかけ、電動ドリルでその下の木の枠を切り分ける。原木の重い板は、腐敗した人体から出た脂に濡れていて、ゴム手袋をしてつかもうとしても滑ってしまう。

広いヘッドボードのほうを持って、壁側に回転させようとしたときだった。突然ガチャンという金属音がした。下を見ると、刃が青く光る、二本の包丁が落ちている。ベッドの横に包丁が隠されているとは。警察も発見できなかったのだろう。こんなところに何故だろう。夫婦が一緒に置いたのだろうか。それとも一人が内緒で置いたのだろうか。練炭死が叶わなかったときに、改めて自殺を完結させるためのものなのか。それとも心中過程で片方が最期の瞬間にためらった場合に殺すためのものなのだろうか。後者が目的なら、なぜ包丁が二本必要なのだろう。

そんなことを考え出すと、穏やかだった心に激しい動揺が起きる。防護服の中で火照っていた体が一気に冷えていく。背筋には冷たい汗が流れる。
この隠された二本の包丁は、死をともにすることでつながり続けたいと思う愛の象徴なのか。それとも裏切りと怨念の象徴なのか。私自身、一体どちらの結末を望んでいるのだろうか。今日、私は苦痛に満ちたこの空間に残っているかもしれない、わずかなぬくもりを見つけに来たのか。それとも私たちが直面している社会がどれだけ冷たくて非情極まりないかを知らしめる証拠を発見しに来たのか。

部屋の整理が進むと、二人の関係が正常ではなかったことを示す証拠が出てきた。一つはリビングルームの床に落ちていた二人の大型写真の一部がナイフで切り裂かれていたこと。もう一つは、ベッドのあった部屋のドアの内側にピンク色のリップスティックで「ひどいヤツ」と書かれていたことだ。相手に対する憤りがどれだけ強いかを示していた。

けれども私は依然として愛の結末を見たがっていた。たとえ写真の一部が切り裂かれていたとしても、残った部分の入った額はリビングルームの隅にきちんと立てられていた。写真をナイフで切って終わるのではなく、その後に額を壁から外してきちんと置いたのだ。「ひどいヤツ」と書かれたドアもじっと眺めていると、ウェットティッシュか何かで消そうとしたのか、字がぼやけている。「ひどいヤツ」と書いて終わったのではなく、それを消そうとした痕跡があるのだ。

隠されていた包丁が愛の象徴だったという私の憶測は、あまりに感傷的だと言えるかもしれない。包丁をその場に置いた本当の理由を知ることはできない。しかし、その包丁が愛にまで届かなかったとしても、すくなくとも愛に向かっていたと信じたい。関係を断ち、消し去るためのものではなく、死を通してでもつながろうとした隠れた証拠品だと信じたい。同じ日に生まれることはできなかったとしても、この世とのお別れだけは同じ日、同じ瞬間にしたいという願い。夫婦が一生の思い出の中でたった一つでも大事に胸にしまっておきたいという、二人だけのための小さい勲章のようなものだと思いたい。

自分が見たいと望む世界だけを見ようとする、偏見に満ちた清掃員の妄想だと否定されてもしかたない。けれども、心の片隅にそっとしまっておいて、思いつくたびに取り出してみたくなる妄想だ。そんな心の中の思いまで芽も出せずに枯れてしまうようなら、おそらく一日たりともこの冷酷な世界で生きていけないだろう。

ダブルバーアイス

開店したばかりでまだ客足も少ないデパートの月曜の朝、衣類売り場に設けられた広々とした商品棚に、さまざまな色と模様の服がきちんと畳まれ陳列されている。中年女性二人がしばらく立ち寄って過ぎ去ると、商品の陳列には乱れが生じる。すると少し離れて立っていた、髪の長いまだあどけなさの残る店員が歩み寄り、早送りの再生画面さながら、慣れた手つきで服を畳み直していく。太極拳でもするかのような、無心で正確で無駄のない動きだ。乱雑だった商品棚は再び最初の秩序を取り戻す。

売り場の隅でお手洗いに行った連れを待ちつつその光景を見ていると、ふとある女性の部屋が思い出された。度が過ぎていると言えるほど、完璧に整理整頓されたワンルーム。女性はその部屋で、人生最後の清掃と片づけを済ませ、首を吊って命を絶った。

白髪が多いわりには、体格のしっかりした老人がマンションの前で腕組みをして待っていた。「今すぐに」という申し入れを受けて慌てて出てきたものの、私たちが到着したのは、外がもう薄暗くなったころだった。女性の死で、ほかの賃貸者たちが悲鳴を上げ、その対応にどんなに苦労したかをしばらく吐露した、老いたマンションオーナーは、少しは気持ちが軽くなったような顔をして、私に部屋の鍵を渡した。

地下廊下の突き当たりにある部屋では、強烈なにおいが私たちを待っていた。部屋の内壁にある電灯スイッチを押すまでもなく、瞬時に部屋の悲劇的な全貌が目に入ってくる。四角い天井の一辺に都市ガスの配管が伸び、そのパイプの一か所に一メートル程のオレンジ色の物干しロープが吊るされている。ロープの端はほどけていた。彼女はロープで輪を作り、首を吊って死んだ。それを証明するかのようにロープが垂れ下がる側の壁紙には、大きなクエスチョンマークを逆さにしたような形の、赤黒い血痕が付いている。いったい彼女を自殺へと追いやったのは何だったのだろう。

ハシゴを使って物干しロープの結び目を一つ一つほどく。ロープを取り除いたからといって、死者の心の悲しみが解消されるわけではないが……。血に染まった壁紙を剥がし、足元にある、ぐっしょり濡れた布団を丸めてビニール袋に密封する。無残な痕跡をある程度消し去ると少し気持ちが落ち着き、その部屋の細かな部分が見えてくる。

ここで人が死んだとさえ思わなければとてもきれいな部屋だ。まずハンガーが目につく。ズボンだけが一列に並び、保管用のカバーをかぶせたコートやジャンパーは、同じ間隔で吊るされている。洋服は丈の長いものから短いものへと順に並んでいる。プラスチック製の収納ボックスの引き出しには、靴下と下着が色別に分けられ、扇形に畳まれた状態ですき間なくまっすぐに整列している。寸分のスキもない整理整頓だ。シャンプーやボディクレンジングの容器も、ポンプノズルの向く方向が常に北だけを指す羅針盤のごとく同じだ。洗面台の鏡の前にある歯磨き用のコップに、歯ブラシが二つ並んでいるのが目につく。一人ではなかったのか。カミソリ本体は見つからなかったが、洗面所の壁に設置された収納引き出しには男性用カミソリの替刃セットが入っていて、カートリッジ二つがなくなっている。

台所を片づけていると、彼女とともに過ごしていた人間の存在が明らかになる。いや、存在の不在が明らかになったというべきか。流し台の上の収納棚と引き出しの中には、スプーンと箸、ごはん茶碗とみそ汁碗がそれぞれペアで並んでいる。インスタントラーメンも、レトルトカレーも、バナナ形のお菓子も、ティーカップとその下に敷くコースターも、すべて二つずつ用意されている。残った焼酎は一本だが、さかずきやビールグラスも二つずつ……。

一人で命を断ってしまった独身女性にとって、食べるのに使う道具だけは、一人分ではなく二人分だったのだ。この部屋のすべてのものを整理しながらも、その人と食事をするときに使ったものだけは、どうしても捨てられずにいたのだろうか。食べることは、ある意味、人生において最も身近で本質的なことなのかもしれない。人生はとても複雑に絡んでいるようで、実はすべてが食べて生きるという単純な動機から始まっている。不正な手段を使って最高権力を手にした者も、パンを盗んで逃亡した者も、もとはといえば家族とともに食って生きていくため、というのが出発点だったはずだ。けれども、生きているうちに出発点を忘れがちになり、その大切な家族を悲しませるような行動をとってしまうのだ。

冷蔵庫の中を片づけた後、冷凍庫を開けた。ひんやりとした空室の真ん中に、ダブルバーアイスがカチカチに凍ったまま入っていた。二人仲良く分けて食べられるように、バーが二本ついているアイスだ。個別に食べる二つのアイスではなくあえてダブルバーアイスを買って分けて食べようとした、その淡く切ない気持ち。私のような職業の人間は仕事をするとき、感情に流されないようにいつも冷静な状態を維持しようと努めているが、このカチカチのソーダ味のダブルバーアイスを平常心で見ることはできなかった。考えてみれば、私は大きいものより些細なものに心を揺さぶられる傾向にある。

彼女とともにいた人は、食べることでその存在を彼女の心に刻み付けた。二つに分けて食べるアイスがそれを物語っている。その人がいなくなって、彼女の生きる理由が消え去ってしまったのか。その人の不在が彼女の存在自体を大きく揺り動かしてしまったのか。

独りになった部屋を掃いて拭き、黙々と洗濯物を畳む彼女の姿を思い浮かべてみる。これほど寂しく孤独な情景を、あなたは想像してみたことがあるだろうか。

愛するヨンミンさんへ

こんにちは。あなたが亡くなった後の部屋をきれいにするために来た清掃員です。少しだけお邪魔いたします。堅苦しい自己紹介はしません。私が何者かなど、あなたが知る必要はないのですから。

ただ、もしあなたがまだ生きていたら、私と同い年だという点だけは言っておきたいです。子どものころに夢中だった漫画の主人公も、大切にしていたおもちゃも、友達とつるんで行ったゲームセンターの定番のゲームも、同じようなものだったと思います。私たちが子どものころに歌った歌、また大人になって友達とカラオケで歌った流行歌も、似たようなものだったでしょう。

厚いアルバムの間に無造作に挟まれていて、たまたま床に落ちた写真の中に、軍隊のころのあなたの姿を発見しました。私の訓練兵時代の冴えなかった姿と同じように、あなたも痩せて青白い顔をしていました。

あなたは長い間病気をしていたようですね。あなたが倒れたところの周りには、多量の血が凝固していました。うつ伏せで吐いただけでなく、仰向けになって咳をしたのか、黒い血痕は枕やベッドの布団を染め、天井にまで小さくたくさん飛び散っていました。あなたはいつも食事のたびに、二十粒を超える薬を飲なければならなかったようですね。薬袋《やくたい》があなたの汚れた机の上に山ほど置いてありました。ひょっとしていつからか、薬を飲むのを諦めていませんでしたか。両手で抱えるほどの薬がそのまま残っていましたから。

一人暮らしをするには広すぎるマンションでしたね。あなたが倒れたままで発見された寝室は、生活用具が山積みになり、ほこりをかぶっていました。一時期誰も出入りしなくなったせいで、まるで倉庫のようになっていました。

リビングルームとして使ったと思われる大きな部屋の本棚の上からは、新聞紙に包んだ額入りの結婚写真が見つかりました。白い礼服が本当に似合う男性なんて、そうたくさんいるものではありませんが、あなたはとても素敵に着こなしています。ちょっぴり微笑んでいるあなたとは違い、新婦はあなたの横に座って、きれいな歯並びを見せながら明るく笑っていました。白い衣装に白い手袋をした二人の写真を見ながら、ふと冬の終わりごろ乾いた枝に真っ白な花を咲かせるモクレンを思い浮かべました。

額入りの結婚写真の横には、有名なブランド品シューズの空き箱がいくつも並んでいて、その中にはたくさんの手紙やはがき、カードが入っていました。白いドレスを着た彼女がずっとあなたに書き送ったものだということは、封筒のかわいい字を見てわかりました。封筒とはがきには、丸くて小さな字で「愛するヨンミンさんへ」と書かれていました。

私がこれらを遺品として保管しておきますかと聞いたら、あなたの弟さんは一瞬もためらわずに、写真と手紙は残さず捨ててくれと言いました。そのとき、あなたと彼女がとっくの昔に別れていたのだなと察しました。

あなたが生きているとき大事にしまっておいた多くの思い出の品は、しばらくすると大きな袋に入れられ、数週間後には、廃棄物施設を転々とした末に、一握りにもならない灰と化してしまうのでしょうね。風でも吹いたら、それも跡形もなく飛び散り、結局何も残りません。そう思うと私の気持ちも沈み、全身の力が抜けていきます。

今日の午後はずっとあなたの弟さんのことを考えていました。

私たちが消毒作業をしていた早朝、すでに家庭用品は何一つなく、すべての部屋の床紙や壁紙も剥がされてコンクリートの地肌がむき出しになっていたマンションに、あなたの弟さんがやってきました。出勤がてら様子を見に少し寄ってみた、と言いました。沈黙を守ったまま、早足でリビングやトイレ、ベランダなどを見て回った彼は、あなたが最期を過ごした寝室に入って、しばらくの間出てきませんでした。十分ほど過ぎても出てこないので、ちょっと心配になってそうっとその部屋のほうに行ってみました。するど、弟さんは部屋の真ん中にポツンと立って、入り口に背を向けたまま、両手で口をふさぎ、肩を大きく震わせていました。私は声も出さずにそれほど長い間泣き続ける男の後姿を、今まで見たことがありませんでした。

私はそうっと後ずさりをして戻ってきました。そして、窓を開けたまま使ったらすぐに近所から苦情が来そうな大きな音を出す電気噴霧器のスイッチを入れました。なぜなら私はあなたの弟さんのように、声を出さずに泣くことなんてできないからです。ありがとう、という言葉を残して急いでマンションを出ていく弟さんに、私は胸が詰まってあいさつの一つも返せませんでした。

私にも兄弟がいます。私たちは早くして両親を失いました。今はただ一年に一、二度電話で安否を確かめるぐらいで、ずいぶん会っていません。私のほうから電話をかけたのもずいぶん前のことになります。午後からずっと、あなたの弟さんのことを考えていると、私の兄への思いも抑えようがなくなりました。いつかはあなたの弟さんのように、兄のためにあのように長い間、泣いてあげられるのでしょうか。そして、兄も私のために、あんなに声もなく肩を揺らして泣いてくれるのでしょうか。

今日私たちはここを離れ、来週になると内装業者がやってきて、古い照明を外しておしゃれで明るい照明器具を取り付けるとともに、新しいフロアリュームとシルクの壁紙で新たな装いに変えるでしょう。弟さんの計画では、すぐにこの家は不動産屋によって売却され、新しい住人を迎えることになります。そのときになれば、あなたの死を知ってすぐに飛んでくると言った両親を必死で引き留めた弟さんも、このマンションに来ることはなくなるでしょう。

そちらであなたはどう過ごしていますか。

ここに来ていた数日間、あなたがマンションに残していったものを見つくし、その痕跡を消そうと必死で動きましたが、実際にあなたについてわかったことは、正直あまりありません。ただ、私たちがたまたま同じ年にこの国に生まれ、あなたが少し早く死に、私がまだ生きていることだけです。そして、あなたが先に経験した、その死に向かって、私も休むことなく、一歩ずつ近づいているということです。私たち人間という存在は、そうやってみんなが例外なく死を迎えます。

ここを片づけているうちに偶然知った、あなたの名前や出身校、職場、生年月日なんて、いったい何の意味があるのでしょうか。それらはあなたについての真実を何一つ語ってくれません。けれども、マンションを片づけながら一つだけはっきりとわかったことがあるとしたら、それはあなたのことではなく、あなたに対する、遺族の気持ちです。

あなたは愛されている人でした。その証拠として、あなたが捨てられなかったシューズ箱の中のたくさんの手紙とその文面を提出します。証人としては、あなたが住んでいたマンションに駆けつけてあなたの残した痕跡を確かめようとした両親と、一人部屋に立って涙を流していたあなたの弟さんを召喚申請します。


彼らはあなたを愛していました。それはおそらく、あなたが生きているときに、病気で苦しみながらも、彼らを愛することだけは絶対に止めなかったからなのかもしれません。あなたが残したすべての物は消えてなくなったけれど、あなたが遺した愛の遺産だけは、愛する家族の記憶の中で大切に保管されていくと確信しています。

この人たちは今もあなたを愛しています。どうかこの真実だけはあなたに伝わってほしいと祈りを込め、この拙い文に恥じ入りつつ筆をおきます。

あなたが住んだところを片づけた、名のない清掃員　拝

第二章

少しは特別な仕事をしています。

特別な職業

制服姿の女性たちが食事を済ませて立ち上がろうとしている。会社員が殺到する都心のお昼の食堂。まだ私たち一行は座ることもできずにいるのに、後ろからは次から次へとお客が入ってくる。狭い通路をふさいでいるわけにはいかず、まだ片づけられていないテーブルにまずは腰をかける。あまりの忙しさに注文してから従業員がお盆を持ってきて食器を片づけるまでに十分ほどかかった。お盆の上に料理が半分残っている大鍋や小さなお皿が重ねられ、その横にごはん茶碗やスープの器、コップが瞬時に載せられていく。

すでに満員の食堂は、絶え間なく訪れるお客でさらにあわただしさを増す一方だが、私の横にいる従業員は、いたって穏やかな表情で自分の仕事に集中している。左手で散らばった紙ナプキンを集めつつ、右手の布巾で五輪マークのようにテーブルに五つほど円を描くと、汚れていたテーブルは一瞬にして片づき、きれいになる。やはりプロだ。テーブルの片づけが公式種目になれば、彼女がメダルを取るのは間違いないだろう。

汚れたものを片づける。

この点では私がしている仕事もテーブルの片づけも差がない。テーブルの上に並べられたものを台所へ運ぶのと同じように、ただ家の中にあるものを集めて外に持ち出すのが私の仕事だ。毎日地球上のすべての家庭や食堂で行われているテーブルの片づけは、私の仕事と本質的に違いがないのだ。

残った料理を処理する仕事は軽薄で、死んだ人間が残していった肉体の一部や血痕、においのついた家財道具を取り除く仕事は厳かだという線引きは、誰にもできない。特殊な清掃をするということは、決して人と違う仕事、特別難しいことをするという意味ではない。非日常的な状況で行われるというだけだ。誰かがしなければならないことを代わりにしているだけだ。だから税務署が発行する私の事業者登録証の業態欄には、ただ「サービス」とだけ表記されている。

ものの生産活動とみなされないため、時間的には生産されると同時に、空間的には生産された場所で、消費されなければならない。[原注8]

経済学ではサービスについてこのように定義している。

死者宅を清掃する仕事は、目に見えるものを作り出すわけではない。そのときその場所で起きていることを見る以外には、細かい仕事の過程を確認する方法がない。そういう意味で経済学の堅苦しい定義に当てはまる。生産を何一つせず、むしろわずかに残っているものまで消失させるサービスだ。テーブルを片づける人が特別な人でないのと同様に、特殊清掃業の従事者も、サービスを提供して収益を得るごく平凡な人間なのだ。

「特殊」という修飾語が強調されるが、今でも私たちの業種は人前に姿を出さない「幽霊」職業だ。このような職業が存在するという事実すらいまだに知らない人が多い。特殊清掃業はわが国の税法においての「事業種目」としても存在していない。ただ「一般清掃業」の大きなカテゴリーの中にそっと目立たずに入っている。

「特殊清掃業を始めるので、事業者登録に来ました」と申し出たところで、税務担当の公務員には、「えっ？　そのような職種はございません。すべてが一般清掃業になります。衛生管理の領域や害虫駆除業なら、職種を別途設定することができますが……」と、困った顔をされるだけだ。

二〇一八年に初めて大韓民国「職種別職業辞典」に載った「遺品整理士」という職業

も、独立した地位を与えられているわけではない。当時、職業辞典の改訂を担当した韓国雇用情報院から、遺品整理士についての職務分析資料を整理してほしいという要請を受けたとき、私たちの実情に合わせて職業概要と業務内容をまとめ、公式の見解として提示したことがあった。そのときに、アメリカ労働省労働安全衛生庁[注3]の例を挙げながら、標準の職業分類において新規の索引語を追加するべきだとも申し入れた。提示された意見のほとんどは受け入れられたが、遺品整理士が「配管洗浄員及び防疫員」という職業分類の下位カテゴリーから外されることはなかった。もし、辞典のとおりに配管洗浄員や防疫員を呼んで、人が死んで長い間放置されていた家を掃除してくれと頼んだら、彼らが果たしてどんな顔をするか、とても気になるところだ。

死の周辺で働く特殊な職種という世間のイメージのせいか、こちらから訪ねていかなければならないサービス業であるにもかかわらず、反対にいろいろな人が訪ねてくるケースが往々にしてある。新聞、雑誌、テレビ、ラジオなどのメディア関係をはじめ、宿題を手伝ってほしいという大学生、論文を書いている博士、統計を提供してくれという行政機関の事務員や研究員など、実に多種多様な人たちが私に会いたいと言ってくる。美術、映画、演劇の世界からもしきりに連絡が来る。最近は個人秘書を置く、有名なアングラ演劇のシナリオ作家まで訪ねてきた。

——特別なお仕事をされているので……。
——誰でもできる仕事ではないと思います。
——崇高なお仕事ではないですか。

繰り返しこういった話を聞いているうちに、平凡な私がだんだん特別な人間になり、やっていることが偉大な業務に変わっていくとでもいうのだろうか。とんでもない。万が一そのような甘い考えがあったとしても、独りで死を迎えた人の家に着いたとたんに打ち砕かれるだろう。心の片隅に特別感のかけらが未練のように残っていたとしても、清掃が始まってあちこち飛び回っているうちに、その特別感は粉々に粉砕され、最後は砂ぼこりとなって飛び散ってしまうだろう。

それどころか、誰かの死のおかげで生計を維持できる人生、死ぬ人が増えるほど活気を帯びるビジネスという職業的アイロニーのため常に罪悪感に苛《さいな》まされる。それを無視しては到底説明がつかない仕事でもある。つまり罪悪感が私の仕事の出発点にあるのだ。振り返ってみれば、いつも罪悪感に追いかけられながら生きてきた。その罪悪感の足跡は、とても深くて鮮明だ。

キンバエが空中でブンブンと飛び交い、肥えたウジがあちこちにたかり、死出虫《シデムシ》やダニが這いまわる。そんな場所で特別感などという、ちっぽけで意味のない価値観を探し求めるくらいなら、かえって台風に来てもらって罪悪感の影をきれいに吹き飛ばしてもらいたい。誰かに責められるような罪ではないが、自らそれを消し去るには、夢の中で許しを請う巡礼を、毎晩のように繰り返さなければならないのだ。

食堂は相変わらずお客でごった返し、騒々《そうぞう》しい。大声で注文をする人、金を払おうと列に並ぶ人、ハサミでキムチを切る人、食べ物を口に含みながら上気した顔で激論を交わす人……。そんな喧噪のなかでも、従業員は平穏な表情を保ち、あちこちテーブルを渡り歩きながら黙々と自分の仕事をしている。まさに彼女らの平凡な動きが特別に見える瞬間だ。

いっそのことここにあるすべてのものが特別だと言うのはどうだろうか。今ここに集まった人たちの中で、特別でない人は誰一人いないと言ったら、どうなるだろうか。特別だという概念は、いつもほかに価値のないものが存在するという思い込みを前提にしている。すべてのものに価値があって尊いものだとすれば、今ここに特別でないものが何一つないとすれば、どんなに平和で幸せなことだろう。

人命を救う医師も、成績を悲観してうつむいて歩く学生も、台車を引いてエレベーターから降りてくる宅配便の配達員も、コーヒーの上にミルクの泡でハートを描くバリスタも、自家用車で出勤する住人に向かって敬礼をするマンションの警備員も……。誰もがすべて特別だとしたら、私たちが従事しているすべての仕事が尊くて大切な職業だとしたら、いったいどうなるのだろうか。

――あなたがしているお仕事同様、私の仕事も特別です。この世にたった一人しかいない存在の尊い人が亡くなった場所を掃除する仕事なのです。一人が二度死ぬことはないのだから、たった一人のその方に対する私のサービスも、たった一度限りのことなのです。本当に特別で大切な仕事ではありませんか？

注3　Occupational Safety and Health Administration を指す。

家を空ける楽しみ

私が一番多く受ける質問は「働いていてつらくないか」だ。そしてそれほどではないが、「仕事をやっていてどんなやりがいがあるか」という問いがそれに続く。この二つが、いわゆる質問のセットメニューと言える。ハンバーガーを注文したらフライドポテトがついてくるのと同じだ。ただ、質問する人の趣向によって、まじめにハンバーガーだけを求める人もいれば、必ずやフライドポテトやコーンサラダまで求めてくる人もいるということだ。

苦労の多い人間ほど大きな生きがいを持つといった比例法則のようなものが存在するのだろうか。ときどき極限の職業を紹介するテレビ番組があるが、一連のつらくて危険な仕事を見せてから、必ずリポーターが「働くことの生きがいは何か」と質問する場面が出てくる。私たちは仕事が大変であればあるほど、生きがいも大きいはずだと思い込んでいるようだ。また、コーンサラダのようなよくあるサイドメニューとして、「なぜこんな大変な仕事をすることになったのか」という質問を投げかけてはマイクを突き出す場面があるが、そんなとき私は「自分のためだ」と答える勇敢な人が出てこないかと、ドキドキしながら見守る。「新型のゲーム機と、より大型のオートバイを買いたいから」と、自分のためにこの困難な仕事を選んだと正直に回答する人が現れてくれるのではないかという期待感からだ。

けれども、期待は裏切られる。回答者はいつもマイクの前で非常に固い表情を作っては「家族のために」と答えるのだ。その対応には東西間の差もなければ、素人かベテランかの区別もなかった。結局家族を養うためには金を稼がなければならず、だから危険でつらい仕事も厭《いと》わないというのだ。かれらこそ真の聖人君子だ。

「つらくないか」という質問は、記者以外では、その家の賃貸主やマンション管理者のように、死んだ人とは直接関係のない人たちがする。悲しみやストレスで落ち込んでいる遺族には、故人の死んだ場所を片づける人に大変かと気遣っている余裕などない。もし私がそういう立場になっても同じだろう。単純な問いかけに見えるが、実はこの質問を受けるたびに私は答えに困ってしまう。誰もが簡単に納得してくれそうな適当な答えを考えておけばよさそうなものだが、融通の利かない私は、毎回初めての質問のように苦しみながらなんとか答えを絞り出そうとする。そもそも「大変か」という質問には、「その仕事は大変なはずだ」という思い込みがあり、その期待に沿う形で「大変だ」とだけ答えると、なぜか真実の半分を隠したまま、誠意なくごまかしているように思われてならない。だからといって、「大変ではない」と答えると、相手を困らせてしまうようで、気が重い。だからこの質問を受けるたびに、もしかしてまだ自分が気づいていない何かがあるのではないかと、いつも心理分析をしながら必死で自分の内面をのぞき込むのだ。

いくら社内会議を重ねても最良の決定ができるとは限らないように、私がどう答えようかと思考を重ねたところで、これといった絶妙な回答は出てこない。私のように頭脳明晰でない者が考えすぎると人生はますます複雑になるだけだ。

こうして長考《ちょうこう》していると、心の中で叫ぶだけで実際には一度も口に出して言ったことのない回答が頭に思い浮かんだ。

――つらくないとは言いづらい。

あきれてしまうほど、曖昧な答えだ。記者やインタビュアーがこれを聞いたら、前に座っている私の頭を一発殴りたくなるのをこらえるために、黙って水を一口飲むかもしれない。

私の回答は、つらいことは否定しないが、つらいとだけ言うには何か物足りない、ちょっとした楽しさもあるといった意味だ。この世にはただ楽しいだけの仕事もなければ、ただつらいだけの職業もない。私のような仕事にも楽しさや利点があるから、かなり多くの人がこの仕事を職業として選び、生計を維持している。ある同業者は、最近になってこの職種に社会的関心が集まり、救いを求めようとする人まで現れていることに喜びを感じているようだ。自分の職業選択に意味が生まれ、多くの人から注目を浴びることがうれしいのだ。表には出さないが、仕方なくインタビューに応じている私としても誇りに思っているのがその点だ。また、ある職種で長く働いていてこの仕事に転職してきた同業者には、毎日働くのではなく、自分でやりたい仕事を自分で選べることが楽しいと言う人もいる。否応なしに毎日出勤して他人の意思で与えられた仕事だけをするのに比べたら、この仕事は自分で調整できるのでいいということだ。確かに個人事業者やフリーランサーにとってはこの自由さが何よりの長所であり、楽しさでもあるが、下手すると放漫な経営につながって、安定した所得を脅かされる原因にもなりかねない。

私がこの仕事に見出した楽しさの中から一つだけ選べと言われたら、「解放感」を挙げるだろう。この世にあるたくさんの職業の中で、清掃を生涯の職として受け入れて新しく始めた、最も大きな動機だ。悪臭漂っていた室内を、最後は人が安心して空気を吸い込めるような本来の空間に戻したとき。生活道具とゴミで足の踏み場もなかった空間を完全にきれいなスペースに変えたとき。私は自由と解放感を覚える。生きている者なら必然的に鼻をつまみ、避けたくなるものを手際よく片づけ、引き出しやタンス、収納棚に長い間しまわれていた、すべての物や服を引っ張り出しては家の外に脱出させる。それが私には楽しくて魅力的なのだ。

働いていてつらくないかと聞かれれば、一言でつらくないとは断言できないが、何一つ楽しくもない仕事なのかと聞かれれば、それは一言で違うと断言できる。壁紙や床紙が剝がされ、コンクリートの壁と床だけが残った部屋を見れば、肩の緊張がほぐれ、自由と解放感に包まれるのだ。

また誰かに「働いていてつらくないか」と聞かれることがあるとすれば、いつか一度はこう答えたい。

「そうですね。楽しくないとも言いがたいですね」

エゴマ

「この仕事を始めて、日常生活で変わったことはありますか。大変になったこととか」

ボールペンをしっかりと握りしめた、まだどこかあどけなさの残る青年が、オックスフォードノートと呼ばれる黄色い紙パッドを片手に、私の前に座っている。鼻息一つでも逃さずメモしようという意気込みすら感じられる。先週メールで、自分は芸術大学でシナリオを専攻している学生だが、私のような特殊清掃業で働く人を題材に何か書きたいと言ってきた。

「よく受ける質問ですよ。インタビューを受けるたびに、どう答えようか悩むけど、今でも答えにくいですね」

さりげなく笑って見せたが、相手は椅子に座りなおして答えにくいなら答えなくてもいいと言い、顔を上気させる。彼の緊張感が肌に伝わってくる。
このコーヒー専門店に入ったときから、私は天井が気にかかっていた。エアコンから出る冷たくて乾燥した風の中に、気になるにおいが混じっていたのだ。自家ローストする店らしく、壁やパブリックチェアには焙煎したコーヒーの香りが染みついていたが、それに負けじと、天井からのにおいが強いメッセージを発信していた。おそらく石膏で作られた天井タイルの内側で、ネコが死んでいるはずだ。前にも述べたが、夏の長雨に濡れた野良ネコは、大型送風機や配管のように外部に露出した通路を伝って、古い建物の天井のすき間に入り込むが、身を隠しているうちに低体温症になって死ぬ場合がかなりあるのだ。長雨が止んで数日経つと、天井からは異様なにおいが漂い、何とかしてくれないかという問い合わせの電話が殺到する。人間だろうが、ネコだろうが、脊椎を持つ哺乳類の腐臭は、一度体験するとほかのにおいとはっきりと区別できるほどに異質なものだ。

「おそらくこの天井のどこかでネコが死んでいるようです。わずかですが、においがします。生活で変わった点があるとしたら、こういったことです。日常がいつも死とつながっているような気がするんです。このカフェに入ってこの椅子に座ってからも、ずっとネコが体を丸くして腐敗していく姿が目に浮かぶのです」

「えっ、ネコがですか」

学生はペンを走らせていた手を休め、天井を見上げる。

「いつもそうなら、さぞかしおつらいでしょうね」

「どうですかね、その辺のところがよくわからないんです。こういったことが本当につらくて苦しいものなのか……。常にスイッチが入っている感じですね。いつも死のことを考えていると、これを単純につらいとか、楽しいとかといった感覚で見分けられなくなるんです。電気がついているとよく眠れない人がいるけど、明るくてもよく眠れる人もいるじゃないですか。私の場合、明かりをつけたままでもよく眠れるような人間になってしまったんですね」

インタビューが一時間以上続いたので私は少し休もうと言った。トイレの洗面台で水を出して手を洗おうとすると、ふと江原道《カンウォンド》の山間の村で二年ほど暮らしていたときのことが思い出された。そのころのある晩、かかってきた電話の内容がまるで昨日のことのように鮮明に思い浮かぶ。

「橋向こうのキム・チュニやけど……」
「こんばんは、お元気でしたか。こんな時間にどうされました。何かありましたか」

午後四時が過ぎるともう日が沈む山間の村では、午後十時ともなれば電話もそうそうかかってこない。キム・チュニさんは子どもたちがそう遠くない街に出ていったあと、一人で家と畑と先祖のお墓を守りながら、家族で食べるぐらいのジャガイモや野菜を作っている、年配の女性だった。

そのころ公共交通手段といったら一日に三本のバスしか通らない僻地のこの村でも、政府による農村総合開発事業[原注9]が始まり、金儲けに目ざとい田舎の男たちが活発に飛び回っていた。前例のない規模で開発事業が展開されるにつれ、農学博士を代表に立て、読み語りのうまい旅行作家を巻き込んだコンサルタント業者までが、このチャンスを逃すまいと開発のムードづくりに加勢していた。私はパソコンを使いこなせるという理由で村の事務を担当していたが、知らないうちに事業準備委員に委嘱されていた。そのため、村のすべての書類作成業務を負わされ、市役所と村の事務所をあわただしく行き来する日々を過ごしていた。ただ、そんな中でもこの事業が本当に田舎の人たちの助けになるのかについては、しばしば疑問と確信が交錯していた。

「いま、村で何かやっている事業が、あるやろ」

「ええ、農村開発事業ですね」

「あんたは何やっているんだい」

「私は、ただの雑用係です」

「そうなんや。ご苦労さんやな。そんでな、村に街灯をつけるそうやけど」

「ええ、電気を使わず、太陽光で充電して灯す親環境街灯ってやつを設置します。夜、村が暗いと事務所には苦情が多いんです。まだ決定したわけじゃなくて、事業が採択されなければならないんですが、まだまだ先のことです。何年かかるかわかりません」

「村の人たちも街灯つけようって言ってるんやな」

「ええ、すでに数年前から暗いという苦情がたくさんあったそうですから……」

「そういうこと言う人たちは、みんなペンションやら何やらの家を建ててよそから入ってきた人たちやろ。明かりがあったらあかん」

「えっ？　明かりがあったらダメですって」

「うちに畑があるやろ。そこに街灯がついたらあかんのや。夜、光があたると作物が枯れちまう。エゴマがみんな枯れちまうんや。畑のほうには街灯を一つでもつけたらあかん。私の言っていること、わかるやろ」

何と答えたらいいかわからずまごついているあいだに、おばあさんは電話を切ってしまった。

もう十年近くも前のことなのに、あの日の夜かかってきた電話にどきりとしたことを今もはっきりと覚えている。「真っ暗な僻村《へきそん》は、明るくなることを望んでいる」という考え方が、どれだけ農業のことを知らない、独善的な思い込みだったのか。一晩中消えることのない照明のもとで、ものを言えない植物は、悲鳴も上げられないまま枯れていくというのだ。


カウンターでコーヒーをもう一杯買って席に座ると、相手は「私が払わなきゃならないのに……」とあたふたする。

「実際はよく寝ていると錯覚しているのかもしれませんね」

「えっ、錯覚ですか」

学生は急いでボールペンを握りしめた手を黄色いパッドの上に載せて、再び書き始めようと構えた。

「明かりをつけていてもよく眠れるようになったと話しましたよね。スイッチを入れたまま……」

「ええ、いつもスイッチが入っていて、死のことが頭から離れないようだと」

「もうつらいかどうかもわからず、ただ耐えているだけなのかもしれないですね。自分では頑張っているつもりだけど、実際はただ耐え忍んでいるだけなのかもしれない。……たびたび受ける質問なのに、いつも答えにくいと感じるのも、その辺のところを無意識のうちに避けようとしているためなのかもしれませんね」


三時間以上続いたインタビューが終わり、とても腹をすかせた状態でオフィスに向かって歩いた。区立図書館の前を過ぎ、横断歩道の手前で歩行者用信号が青に変わるのを待っていると、車道と歩道を分ける縁石のすき間からタンポポの花が小さな惑星のように丸く咲いているのが目に入った。よくもその狭いすき間で太陽に向かって生長し、ついには種の集まりを作って新しい旅立ちの準備を終えたものだ。冷めた都会の眠ることのない明かりの中でも、生き残って咲く草花の姿に出会えたことがなぜかうれしかった。

あの畑のエゴマはちゃんと育っているだろうか。いつかはこのちっぽけなビジネスを止めて、もう一度田舎暮らしをしたい。そのときにまた野花に出会えたなら、手を振ってあいさつをしよう。

みなさん
私はあつかましくも、今もなおこの業界で何とか耐えしのいでいます。
コロナ禍の間は、ご無事だったでしょうか。

幽霊屋敷の誕生

「死者宅を掃除しながら、幽霊を見たことがありますか」

信じられないかもしれないが、時々こんな質問も受ける。好奇心旺盛な子どもたちがどこかで広まっている都市伝説でも聞いたのか、うちの会社のブログやソーシャルメディアに、いたずら半分で質問してくる場合もあるが、雑誌の記者や新しい作品の構想を練るドラマ作家のような熟練したインタビュアーが、かなり真剣な面持ちで聞いてくる場合もある。大体は準備された質問をし終わった後のよもやま話の中で、冗談半分に聞いてくるのだが、いつだったか、ある経済紙の記者が公式の質問の中に入れてきたので「本当にこの新聞の購読者がそんなことを知りたがっているのだろうか」と少し驚いたこともあった。「さっきからその隣の席に座っていますよ」と、まじめな顔で答えたところ、その記者は手にしていたボールペンを落としてしまった。今この場を借りてその記者には改めて謝りたい。

家で人が死ぬと、あわてて誰かを呼んですぐに処理してしまおうとするが、どうしても腐臭は消えず、建物のあちこちにウジも湧いて、頭を悩ますことになる。そのときになって、ちゃんとした専門家を呼ばなければと気づき、私たちに連絡をしてくる。ほとんどが首都圏よりも人口の少ない小さな都市や村からの呼び出しだ。お呼びがかかって、風の暖かい南の島や日差しの穏やかな江原道《カンウォンド》の田舎家に着いてみると、においを消すといって五穀を燃やした跡があったり、厄払いをするといって割れた瓢《ふくべ》のカケラが庭のあちこちに散らかっていたりする。窓際に線香を焚き、玄関前にあら塩を撒いてあるのもよく見る。消毒するといって部屋の隅に焼酎がたっぷり振り撒いてあったこともあるが、家の持ち主の追加説明がなければ、ひどいアルコール依存症患者が酒のせいで死んだと早とちりしてしまうところだった。

地域ごとに固有の祭祀《さいし》の供物《くもつ》があるように、死んだ後の処理方法にも地方色があるようだ。南海のある海辺の村では、死んだ人の魂を慰めるといって、ヒジキやホンダダワラといった乾燥した海藻を燃やす。山の麓の肥沃で広々とした農耕地に囲まれた農家では、乾燥させたヨモギをいぶす。悪臭を消そうともらってきたコーヒーの豆カスを紙コップに入れ、マンションビルの階段の隅々に置くソウルとは大違いだ。保健や衛生面を考えるとさほど効果は見込めないが、大都市よりは、田舎の村で巡り合う方法のほうがどこか原初的で奥深く、「人間的」と言える、素朴なエネルギーのようなものも感じられる。ただ、どれだけ神秘的であろうとハエとウジがたかるのだけは避けようがないが……。

韓国には依然として人間の死に関連した、多様な民間対処法や巫俗《ふぞく》[注4]信仰が残っている。また、生まれもって超自然的な現象や死後の世界に対する好奇心や畏怖心も根深い。「幽霊が現れないか」「自殺した人の霊魂が自分の所有物を処分されたことで恨みを持って、あなたのところに化けて出て来たり、危害を加えたりはしないのか」「この仕事を始めて何か感じ方が変わったことがないか」など、非科学的なことに対する質問も、韓国においては、ごく自然に聞こえてしまうから不思議だ。

私は懐疑論者の一人として、超自然的な体験をしたことは一度もないと答えているが、「幽霊屋敷になりそうな家は見ればわかるんですよ」と、一言付け加えたくなるときはある。それは、死者宅を見て回っているうちに、幽霊のいそうな場所を見極める「霊眼」を持つにいたったというわけではない。期待に応えられず残念だが、人里離れた僻村には、「幽霊屋敷」と言われても仕方がない空き家が増えつつあるという寂しい現実があるのだ。

隣に誰が住もうと迷惑さえかけなければ、互いに関係を持たないことが美徳であり、礼儀となっている都市のアパートやマンションのような巨大集合住宅……。一人暮らし世帯が多い都市での社会的孤立は、避けることのできなかった結果というよりは、各々《おのおの》が実利を求めた選択の結果であり、農村が直面する現実に比べれば、さほど深刻ではないのかもしれない。今、韓国の田舎は広い土地に比べて人口があまりに少ない。夕方煙突に煙が上がり人の声が塀を越えて聞こえてくる家は、いったい何軒残っているだろう。人口絶壁[注5]という表現はいまどき都市でしか通じない言葉であって、田舎の村ではすでにその絶壁すら崩れ去って、すでに墓場と化して久しい。ネズミたちも生存のために一匹ずつ都市へと旅立つ準備をしているかもしれない。

ある日、家を片づけてくれという電話があって人里離れた村に向かった。クネクネと曲がり交差する農道と背の高いトウモロコシの畑の先に隠れている、低い屋根の家を見つけようとしても、カーナビは同じアナウンスを反復して意味もなく同じ場所を堂々巡りさせるだけだった。最後は車から降りて人に聞きながら目的地に向かおうとしたが、人がまず近くにいない。十軒余り空き家が続いた末に、ようやく玄関の戸から老人が顔を出してくれた。しかし、どうしてその家に行くのかと聞かれたときに、家の住人が死んで一か月後に発見されたとは、言えない。子息たちも恥ずかしいのか、ずいぶん帰郷していない村の人たちにあえて葬儀案内を出すことは考えていないようだった。私も下手に亡くなった人の話を持ち出して、老人たちに明日は我が身であることを暗示してはならないと思い、詳しい話はしなかった。

人里離れた家に独りで住んでいた親を亡くした遺族たちの依頼は、いつもシンプルなものだった。

「もう誰も住むことはないので、ほとんどの物はそのまま置いといてかまいません。亡くなった寝床のあたりだけ、人目にも悪くない程度に片づけてください。来年の法事のときにでも一度寄ります。そのまま置いといて、台風でも通り過ぎたら、滅失《めっしつ》申告[原注10]をするつもりです」

田舎では、よくあることだ。

言われたとおりに亡くなった人の寝床まわりを片づけて帰ると、その家はすぐに廃屋になり、間もなく幽霊屋敷と化してしまう。それを思うと気が重い。同じ田舎でも変わらず農業が盛んで景色が美しいところは、たとえ古い農家でもすぐに買い手がつくので心配がない。ところが人里離れた一軒家は、いったん人が住まなくなるとすぐに壁が崩れて穴が空き、軒下が傾いて屋根が落ちる。しっかりと建てた都市のマンションでも手入れをしないまま半年でも放っておくと、その間に電気や水道は故障してしまう。いったいどうしてだろうか。住人がいなくなると、家を守っていた神様もそっけなく姿を消してしまうからだろうか。

　ときどき神の憑依《ひょうい》を受けようという者が、いわゆる「山の勉強」とやらをするために廃屋に隠れて、壁に仏画を掛け、祭壇を飾って神のお堂を作ったりする。その低いテーブルの上には、鶏の血かインクかわからない赤いものでわけのわからない呪文と呪符を殴り書きした紙と、占いに使うコメ粒が散らばっている。もし一部の鈴が欠け落ちてしまった神楽鈴《かぐらすず》のような巫具が床に転がっているとしたら、それは間違いなく未熟な巫《み》女《こ》[原注11]の仕業だろう。そして彼女たちがいなくなると、今度は獣の出番だ。冬の夜、空腹に耐えきれなくなったイノシシやキバノロ[注6]が山からエサを見つけに下りてきて、廃屋の戸を壊し、床をつつきまわす。崩れかけていた廃屋はますます殺気漂う雰囲気に変わり、幽霊屋敷としての容姿を完璧にそなえていく。

　孤立した田舎の山麓《さんろく》、その奥深くの薄暗いところにポツンとある家。長い間誰も訪れないまま古くなり、崩壊した家。誰かが墓参りに行く途中に怖いといって遠回りしていくかもしれない、幽霊屋敷のような家。

　けれども、これらの家も私たちと何ら変わらない、心温かい人たちがかつて生活の場としていたところに違いない。私たちが勇気を出して一歩踏み入れれば、壁に掛けられた額の中にもいろいろなものが見つけられる。きれいな韓服を着た両親を囲んで明るい笑顔を見せる兄弟姉妹の家族写真、色あせた表彰状、学位帽をかぶった幼げな娘の顔写真、トゥルマギにカッ[注7]をかぶった先祖たちの謹厳《きんげん》なモノクロ写真、初めての面会時にぎこちなく挙手敬礼して見せる、軍人になり立ての息子の上気した表情の写真、久しぶりに旅をした海辺で老夫婦が仲良く腕を組んで照れくさそうに笑っている写真……。

　波乱万丈な人生を過ごす中で胸に抱いた希望と挫折感、子どもを都会に送り出した後の長い一人暮らしの歳月の中でじっと心にしまい込んだ悲しさと、それでもたまに感じることのあった小さくて素朴な喜びや幸せ。家の住人だけが持つ、そんな本当の顔が額の中に見つけられるかもしれない。

　会えば誤解も知らぬ間に消えるものだ。髪を振り乱した若い娘の亡霊も、切なくて無念な胸の内を打ち明けさえすれば誰にも恐れられることはなくなる。都会の寂しさも田舎の孤独も、距離が離れているだけで根っこは同じものだ。今ここで私が寂しい思いをしていれば、ほかの誰かがどこかで孤独な時間をすごしている。

そこがどこであろうと、私たちが誰であろうと、ときどき会えたらいい。その寂しい時間を共有し、ともに耐えていけたらいい。日が差せば積もった雪も解けるように、互いの手が届き合えば、寂しさも消えると信じたい。二人が会うところはまぶしいほどに明るくて温かい、どんな幽霊も寄り付けないところに違いない。

注4　巫俗とは、朝鮮半島に伝わるシャーマニズムである。
注5　少子高齢化が進み、国家経済の根幹を成す生産年齢人口が減少すること。
注6　朝鮮半島や中国に生息するシカ。
注7　韓服の種類を指す。トゥルマギは丈の長い羽織で、カッは男性用の伝統的な冠・帽子である。

あなたを生かすか、私が生きるか

「でしゃばりな最低人間」

スマートフォンの液晶画面にあなたからメッセージが届いた。夕日は林立した建物に隠れて見えないが、まだ明るい土曜の午後六時。恨みに満ちた言葉だが、もらった私はようやくほっと安堵のため息をついた。よかった。最低だろうが、いいヤツだろうが、相手が生きているからこそ届いたメッセージだ。

彼女から最初の電話をもらったのは、約六時間前だった。それからずっと居ても立っても居られない状態が続いた。その間、警察官に求められて二度もパトカーで警察署に行き、取り調べを受けたが、その後帰路についてからも、家に帰る気になれずに辺りをずっとうろついていた。あまりに多くのことがこの数時間の間に起きていたのだ。

「もしもし」

高低のはっきりした慶尚道訛《キョンサンド》り注8の声は、騒がしい駐車場のなかでも鮮明に聞こえてきた。四十過ぎぐらいと思える女性は、私がすぐに返事をしたにもかかわらず、二度も三度も「もしもし」と繰り返し言ってくる。前日夜遅くまで働いたため、遅く起きて正午ごろにようやく最初の食事を取った私は、溜まっていたプラスチックゴミや段ボール箱、空き缶などの資源ゴミを入れた黒い大きなビニール袋を手に、マンション一階へと下りていくところだった。他人の家の片づけに忙しくて後回しになっていたわが家の片づけ。いつか自分が死んで誰かに代わりにしてもらうまでは、何とか自分でやらなければならない。私はゴミ袋を下ろして右手のスマートフォンを左手に持ち替えて、もう一度答えた。


「どうぞ、お話しください」

「あなたのブログを見てて、気になったことがあったので電話しました」

「そうですか。何でしょうか」

「ここに練炭自殺は苦しいものだと書いてあるんですが、本当ですか」


あまりに唐突だ。そして無礼だ。一言ぐらい自己紹介をしてもいいではないか。明日の天気を聞くような軽い質問でもないのに。ただふざけているだけなのかとも思った。好奇心旺盛な十代の子どもたちがときどきいたずら電話をかけてくる。呼び出し音が昼夜鳴り響いたり、非通知表示でかかってきたりもする。友達や知人に頼んでかけさせる場合もある。また、通話は一人としているのに、受話器の向こうで意見をやり取りする他の存在を感じるときもある。遺族を代表して比較的若い人が電話をかけてくるが、決定は後ろにいる大人たちが下す。私のような職業だと、広告を自分の会社にやらせてくれという電話も一日に何本もかかってくる。実際、私の業務で最も多くの時間を費やすのは電話対応だろう。一分ごとに電話相談料が加算されるという巫女相談が新聞広告に載っていたのを思い出す。今や輝かしい進化の末に、巫女相談も自らの価値を分単位で換算して請求する、最先端の職業になったのだ。

「よくわかりませんね。練炭自殺を実際にしたことがないので」

まずは冗談交じりに軽く一言投げてみる。ただの好奇心でかけてきた電話なら適当にあしらうつもりだったが、意外に長い沈黙が続いたので、私は慌ててもう一言付け加えた。

「でも、現場に行くと、苦しんで死んでいった跡がありますよ」

相手はさらにしばらく沈黙した末に言った。

「練炭を買いました。三つ」

声が震えている。突然「ハハッ」と笑い声が聞こえたかと思うと今度はすすり泣く声に変わる。私はスマートフォンを自分の耳にさらに強く押し当てた。みぞおちのあたりが大きな金属ボルトでギュギュッと締め付けられるような気分だった。さらに時計の針の方向に五ミリほど締め付けられていたら、私の胸は錆びた鉄板のように大きく凹んでいただろう。

「本当に苦しいんですか。本当に？」

いつの間にか泣くのを止めて再び聞いてくる。

彼女は練炭と焼酎数本を買ってから、自分で車を運転して山深くまで入ってきたと言った。焼酎を飲んでいざ火をつける前に、衝動的にスマートフォンを取り出し、インターネットで自殺について検索してみたようだ。そこで私のブログの一文を読み、電話をかけてきたのだ。

いったい何のために生きなければならないのか。なぜすべてがこんなにも苦しいのか。早く楽になりたいのにどうしたらいいのか……。自問自答を繰り返しても答えが見つからず、とうとう出した結論が、生きることを止めることだった。

話が長くなるにつれ、彼女の舌はもつれてくる。酒に酔っているのだ。彼女が今望んでいるのは、死なのだろうか、それとも救いなのだろうか。


「なら、苦しまずに死ねる方法を教えてください」

「そんな方法はありません」

自分でもよくわかっていないことを彼女に投げかけてみる。自分がいつの間にか「方法を知らない」ではなく、「方法はない」と断言していることに気づく。実は私は、自分という人間を自分でもわかっていないのに、知ったふりをしながら生きてきたと、それとなく自覚していた。そのとき私は彼女をどうしても救わなければならないと思い込んでいた。自殺してはいけない理由を挙げることができても、名前すら知らない彼女が自身の人生の結末において自殺という選択をしてはいけない理由は、何一つ挙げることができなかった。命が大切だから？　今そのような公益財団法人が出しそうなスローガンで彼女の自殺を思いとどまらせることができるとでもいうのか。もしかして私は、自分と通話をしている相手がここで死んでほしくないと思っているだけなのではないのか。自殺を思いとどまらせようと説得するのは彼女のためなのか。それとも私自身のためなのか。私が今、心で願っているのは、彼女を生かすことなのか、罪悪感という永罰から自分自身を救うことなのか。

まずは救おう。何としてでも時間を稼がなければならない。

「今、スマートフォンの充電が切れそうなんです。バッテリーを交換する間、少しだけ待っていてください」

彼女の答えを待たずに急いで電話を切った。充電はまだ充分だ。すまないけど、今あなたに選択権を与えている場合ではないのだ。スマートフォンの数字パッドを出して一、一、九を押す。これまでの経験で、警察よりも一一九の救急本部のほうが行動が早いことは知っていた。こんなときはわずかなスピードの差がものを言う。すると呼び出し音を鳴らしている間に、救急本部からメールが届いた。

「一一九では緊急救助のため、貴下の携帯電話の位置を照会しました」

今照会しなければならないのは、私の位置ではなく、彼女がいる山の位置だと返信をしたかったが、まずは電話に出た救急隊員に状況を説明した。だが相手はすぐには理解してくれない。確かに、自殺するという人がこのように名前も知らない人間に電話をしてきて、苦痛なく死ねる自殺方法が何かと聞くのもおかしな話だ。私は少しでも早く、効果的にわかってもらおうと努力する。私の職業やブログの自殺警告に加え、彼女の今の状況を話すが、緊張のせいで舌がよく回らず、声もかすれてくる。今の私には相手への配慮などみじんもない。極度に神経を高ぶらせ、毛を逆立てた一匹の獣が電話を手に吠え立てているのだ。ようやく彼女の電話番号を知らせるのに成功すると、救急隊員は警察にもすぐに知らせてくれと頼んできた。

一一二番を押す。警察もまともに理解してくれない。しかし、緊急電話の対応訓練を受けているだけあって、状況の緊迫度だけは伝わったようだ。

「今あなたのいらっしゃるところに警察官を行かせました」

それを聞いて私は唖然とした。みぞおちのあたりで熱く沸き立っていたものが一挙に目がしらまで込み上げ、涙となってこぼれ出そうになった。いったいなぜこの人は私の話をまともに聞こうとしないのか。今死のうとしている人は私ではなく、私に電話してきた女性だという、この単純な言葉の意味がどうして理解できないのだろう。

「今警察官が行くべきところは、この電話番号のところ、その女性がいるところなんです。私のところじゃないんです」

獣は荒々しく吠え続ける。そのとがった牙をむき出しにして。

「とにかくいったんそちらに行かせます。電話を切らずにお待ちください。ちょうどパトカーが一台そちらのほうにいるので、すぐに到着すると思います」

電話の声は冷たく、無機質だった。

遠くからサイレンが聞こえ、目の前にパトカーが来た。彼らが着く前にすでに名刺と住民登録証を取り出しておいた私は、自分からパトカー助手席の車窓に近づいていった。何が起きたかも知らずに駆け付けた制服の地区隊警察官に、再度状況を説明する。面と向かって話すと、さすがに理解は早い。若くて背の高い警察官が私のスマートフォンを見ながら、警察本部に状況を伝える。彼も事情を説明するのに四苦八苦している。もう一人の警察官は私の住民登録証を手に、登録番号を照合している。

「協力してください。彼女にまた電話すると言ってあるんですよね。今度は最大限、時間を引き延ばしてください。まもなく警察で位置を突き止めるでしょうから」

若い警察官の表情が変わった。「さあ、私はあなたと一つの船に乗りました。まだどこにいるかわかりませんが、一緒になって彼女を救いましょう。まずは救う。あなたと一緒だから心強い」とでも言うかのように。

それから私は彼女に電話をかけ続けた。バッテリーを交換したとごまかすには時間を使いすぎたようだ。つながらない。誰かと通話中だ。救急隊員だろうか。警察だろうか。家族だろうか。それとも、苦痛のない自殺方法をためらいもなく教えてくれる、ほかの人物なのだろうか。

「もしもし、もしもし」

ようやく電話はつながったが、何も言わない。そしてぷつんと通話が切れる。絶望感が押し寄せる。みぞおちに打ち込まれた金属ボルトがさらに少しずつ右回転する。だから言ってここで諦めるわけにはいかない。もう一度かける。

「もしもし」

依然として電話には出るが、何の答えもない。もう一度、自分でもわからない話をしてみることにした。

「練炭三つじゃ足りません。つらいばかりで絶対に死ねません」
「じゃあ、いくつ買えばいいんですか」

私がそれを知る由もないが、素直に返事が返ってきたのはうれしかった。若い警察官が私にぴったりと体を寄せてくる。彼女はすっかりろれつが回らなくなっている。

「練炭をどこで買われたんですか」

「農協です」

「そこから農協まで、どのくらいかかりますか」

彼女がいる位置について、どんな小さなことでも知りたかった。


「わかりません。十五分？」

「どこにある農協ですが。運転はできますか」

「わかりません。で、おじさん、ほんとに苦しいんですか」

「実は私もよくわからないんです。けれど、練炭自殺が起きた現場では、たくさん見ました」

「何をですか」

「苦しんで這いまわった跡です」


横の若い警察官が通話を続けろと手で合図する。最大限、時間を引き延ばせというのだ。彼は私のそばに立って対話に耳を傾けたり、ときどきほかの誰かと通話をしたりしている。焦りを抑えきれない様子だ。絶えず素手で額の汗をぬぐっている。

彼女に私の人生についての、私自身もよくわからない話をしてみることにする。彼女の人生についてずっと話を聞いてあげたのだから、私からも自分のことを話す資格はあるだろう。すでに話す題は決めてある。「それでもうまくいかない私の人生」だ。死んだ人間の家を掃除するようになるのには、それなりの事情がある。そういう話が少しでも彼女の心の慰めになってくれたら……。そう思ったときに電話が切れた。急いでかけ直す。何度かけ直しても、同じ音声アナウンスが繰り返されるだけだった。

彼女のほうからかかってくるかもしれないと思うと、スマートフォンの画面から目が離せない。そのとき若い警察官が自分のスマートフォンを渡しながら、抱川《ポチョン》警察署からだと私に言う。彼女の所在を特定し、すでに捜索範囲を狭めているのでまもなく見つかるはずだという内容だった。この事件は私がいる一山《イルサン》警察署から彼女がいる抱川警察署に移管されるため、抱川警察署でもう一度全般的な状況説明をしてほしいということだった。四回目の長くて退屈な陳述をし、最後に私の住民登録番号とブログのURLを教えて電話を切った。すると、今度は五十代の警察官が私に自分のスマートフォンを渡しながら一山警察署からだと言って、こう付け加えた。

「可能でしたら、今すぐ署まで来ていただけないかということです」

獣はすでに戦意を失い、もう吠えたりはしない。歩いて十分の距離だが、若い警察官がどうしても自分が乗せていくと言って、パトカーの後方ドアを開けてくれた。パトカーに乗るところを遠くで眺める警備員の視線がやや冷ややかに感じられた。そういえば資源ゴミを入れた袋はどこに置いてきたのだろう。

Uターン禁止の標示を二度も無視しながらパトカーは警察署まで疾走した。パトカーの後方ドアは内側からは開けられない。容疑者護送のためのロックシステムになっているのだろう。外からドアを開けてくれた若い警察官は、私に短く挙手敬礼をして、再び車に乗って去っていった。こうして、いっとき同じ船に乗っていた人が退場していった。

一山警察署の担当の警察官は椅子に座ったまま、自分のほうへ来るように手招きをする。座れと勧めることもない。私は勝手に横にある椅子を引き寄せて、彼の真向かいに座った。彼の顔色は固まりつつあるコンクリートのようだった。完全に固まった乾いた灰色でも、まだ生の湿った灰色でもなかった。

「どうしてそんなブログをなさっているんですか」

「えっ？」

「誰が見るかわからないネットのブログに、自殺のことなんか挙げたら困りますよ」

完全に硬直化した顔だった。私は答える代わりに名刺を差し出した。彼が名刺を見て調書に何か打ち込む間に、スマートフォンを取り出して彼女が読んだと思われるブログのページを開いた。すっかり充電が切れかけていた。

「これを読んで私に電話をしてきたようです。読んでみてください」

彼が私の住民登録番号をワードで入力し終えたころを見計らって、スマートフォンを差し出す。彼はしばらく黙ったまま、内容を読んだ。

「自殺をするなという記事です。練炭で苦痛なく死ねると言われているけど、実際はそんなことないんだという内容です」

「あなたが直接書かれたんですか?」

「ええ」

「問題ないですね。このブログのURLをコピーして、こちらの名刺にあるアドレスのほうに送ってください。そして最初から一つ一つ状況を説明してください。いつどこで電話がかかってきて、どんな話をしたのか……」

こうして五回目の状況説明が始まる前に、私は取調官の許可なくウォータークーラーの前に行き、折られた四角形の紙コップを広げて何度となく水を飲んだ。ウォータークーラー越しに鉄格子と、誰も勾留されていない留置施設の出口が見える。私たちの人生にも脱出路はあるのだろうか。今日私は、誰かが覚悟を決めて人生の脱出路を選ぼうとするのを遮ろうとしたのではないだろうか。

一山警察署を出て横断歩道の前に立ち、抱川警察署に電話をかけてみる。彼女が無事見つかったのか、それだけ知りたかった。幸い、担当者は人懐っこい人だった。多くの人員を投入して捜索中で、見つけたら私にも知らせてくれると言った。そして少したらってから「ご苦労様でした」と付け加えた。私はとっさに「よろしくお願いします」と答えた。名前すら知らない人のことを、やはり名前すら知らない人に対してよろしく頼むとは……。思わず笑いがこぼれた。そして笑った自分に気恥ずかしさを感じた。すべてが夢のようだった。

「でしゃばりな最低人間」

コンビニの前のベンチに座っていると、彼女からのメッセージが届いた。

生きていた。改めてメッセージの文字を一つ一つ指でなぞる。大きくため息をつき、もう一度息を吸い込むと、胸の奥がたまらなくひりついてきた。彼女が生きているからこそメッセージを送り、また私が生きているからこそ、こうしてメッセージを受け取った。

するとまもなくして抱川警察署からも電話がかかってきた。

「見つけました。今、地区隊に移送中です。彼女の夫にも連絡を取りました。夫も地区隊に向かっています。あとで夫からお宅に電話がいくと思います。大変ご苦労様でした。もう安心してください」

スマートフォンを取り出しては何度も何度も彼女のメッセージを読み返す。最低人間、最低人間…そう、私は本当に最低なのかもしれない。今日あなたをだまし、そのせいであなたの計画は見事にぶち壊しになった。自分でもよくわからない話を乱発し、あなたの自由な権利を、国家権力を利用して侵害した。そんな私を最低人間と呼ぶのは、当然のことだ。

正直に言うと、あなたの電話番号はすでに私のスマートフォンに大事に保存した。あなたが私にもう一度電話をかけてきたとき、すぐにわかるようにと思ってだ。あなたが再び電話をしてくるかどうかはわからない。そのとき、あなたの選択を再び阻止しようとするかどうかもわからないし、再びあなたの計画を阻止できるかどうかもわからない。お願いだが、いつか私があなたの自殺を阻止したことについてあなたが許してくれたら、こんなうれしいことはない。私はあのとき、あなたを救ってこそ私も生きていけると思ったのだ。

私はまだ船を降りていない。私たちは今も一つの船に乗っている。それだけはいつになっても忘れることはないだろう。

注8　釜山《プサン》や大邱《テグ》などの都市がある、韓国の南東地域を指す。

価格

毎日沖に出て魚を獲ったり沿海で養殖をしたりする漁師のように、毎朝目を開けるとすぐに天気予報を見る。夜も同じだ。毎晩、寝床に入って本を読もうとしても十分も我慢できずにまぶたが閉じてくるが、その最中にも翌日の天気だけはスマホで確かめる。気象庁が出す時間別の一日天気だけでなく、週間予報や全国の天気もしっかりと見る。人が死んでしばらく放置されていた家を整理し、中から持ち出した物をトラックに載せて廃棄物処理場に運搬する仕事は、どうしても雨の日は避けたくなるものだ。おそらくこの業種で働く人たちはみんなそう思っているだろう。雨に濡れた服で家を出入りしながら床を濡らすのもやっかいだし、雨の日はことさら隣近所の恨み節も高くなる。血と汚物でぐしょぐしょになった雑巾を何重にも密封した上に脱臭剤まで念入りに撒くのだが、それでも雨の日はにおいが消えない。晴れた日にだけ仕事をしたい。

しかし、死は時間を指定することなく突然やってくる。急な連絡を受けたときは、すでに頭の中に描かれた天気予報図に従って、適切な日程を組むのだ。それがこの仕事を手際よく進める一つの秘訣だ。

前日確認しておいた天気予報と違って、その日の朝は起きてみると雨が降っていなかった。カーテンを開けると雲は低く垂れ込めているが、これから雨が降るのか、それともすでに雨が通り過ぎたあとなのか、よくわからなかった。カーテンを閉めて部屋の明かりをつけた、そのときだった。待っていたかのように電話がかかってきた。七時までまだ二十分ほどある。業務依頼の電話にしてはあまりに遅いか、あまりに早すぎる時間だ。葬儀場で夜を明かした遺族がかけてくる場合もたまにはあるが、それでも深夜二時を過ぎた電話はかつてなかった。

「見積もりをお願いします。早いのに、電話に出てくださいましたね」

「ええ、おはようございます。どういたしましたか。気楽にお話しください」

男性の声は、落ち着いているというより重く沈んだ声だ。男性はひょっとして一睡もしていないのかもしれない。

「死んだ人の家を一軒きれいに整理するのに、いくらぐらいかかりますかね?」

「病院ではなくて、ご自宅で亡くなられたんですか」

「まあ、そういうことにして……」

そういうことにして……とははっきりしない答えだ。この世にはそういうことにしてと言ってお茶を濁す対話法が多いが、私にとって死は、そんないい加減な仮定法で語れるものではない。私の仕事は誰かが死んでこそ成立する、そんなやるせない宿命を背負った職業だ。

「そのお宅はマンション、アパート、それとも多世帯住宅、どのタイプでしょうか」

「多世帯住宅です」

対話はかまわず続く。

「何坪ぐらいですか」

「うーん、ほぼ三十坪ぐらいかな」

「なら、三部屋にトイレ二つ、ベランダといった構造ですか」

「トイレは一つです」

「何階にあるんですか。物を下ろすときに、はしご車が必要かどうか知りたいんです」
「はしご車？　そうじゃなくて、ただいくらかかるか聞きたいだけなんです」

落ち着いていた彼の声が、瞬時にたかぶる。

沈んだ声とは逆に、彼はナーバスで、しかも興奮しているようだった。相手の気持ちの変化に合わせてうまくなだめながら聞き出すしか方法はない。ハードルが低ければ当たらないようにそっと飛び越えればいいし、ハードルが高ければリンボーゲームのように姿勢を倒してうまくすり抜ければいい。親しい人を亡くして、心穏やかにいられるわけがない。根掘り葉掘り聞くような対話自体が気に入らないのかもしれない。落ち着いて根気よく聞き出そう。親切さを保ちながら相手の置かれた状況をきちんと聞き出す。それもサービス業に従事するプロとしての心得だ。

「お答えになるのがおつらいでしょうが、廃棄物の量によって料金が変わるので、可能な限り詳しく教えていただけたら助かります。家全体を処分するわけではないでしょうから。引っ越しも見積もりを出すときは、タンスはいくつか、冷蔵庫は何リッター容量か、ベッドは何台かって、細かく知る必要があるじゃないですか」

「まあ、そりゃそうでしょう」

幸いにも相手は肯定してくれた。高いハードルを一つ何とか越えた気分だ。

「故人が家で発見されて何日経ちますか」

この質問にも、相手は沈黙する。

「もしもし？　聞こえてますか」

「あ、聞こえてます」

「警察が死亡推定時間を確定できなかったり、教えてくれなかったりすることもよくありますが、大体でいいですから、おわかりになりませんか」

男は、またしても沈黙する。電話越しに慌てている様子がうかがえる。また一つのハードルが行く手に立ちふさがった。

「何日ぐらいならいいんですか、一週間？」

電話越しで「ふっふっ」と低い笑い声が聞こえてくる。ここまでくると相手が何を考えているのか疑わしくなる。この質問は確実にどこか怪しい。質問項目に必ず書き込まなければならない具体的な状況を省略したまま、とにかく自分の求める回答だけを得ようとしている。また違う質問を投げると、同じように困ったような答えが返ってきて、私の疑念はさらに深まる。私をテストしようというのか。まるでフランチャイズの本部から、お客に偽装して加盟店に派遣された評価担当者のようだ。「家で死んだことにしよう」という答えを聞いたときから、疑うべきだったのか。

思い当たるフシがまるでないわけではない。この業種の新規参入者が既存業者の顧客対応と見積もり算出の秘訣を知りたくて、客のふりをして電話してくることもある。総費用を誤って請求すると、仕事はしっかり終えたのに損害を出すことにもなるので、正確な見積もりを出す作業は結構難しい。見積もり算出をカリキュラムにして理論と実践を教える清掃業関連のアカデミーも存在するほどだ。人件費の比重が高くて費用の使いどころが比較的明確な一般清掃業でも見積もりを出すのに苦労するのに、特殊清掃業なら言うまでもない。ときには自分が置かれた状況を説明しながら、どう処理すればいいかと露骨に聞いてくる業者もいる。変わったところでは、いきなり私に電話をかけてきて自分にも仕事をくれないかと頼み込む人間さえいる。果たして今電話しているこの男は、これらのうちのどれなのだろう。

「いつごろ、仕事を始めたらいいでしょうか?」

違う質問を投げてみる。相手に少し疑わしい点があるとしても私のほうからそんな素振りを見せてはならない。万に一つでも、自分の勝手な憶測で相手の真意を断定してはならないのだ。相手が話した内容のラインを越えないようにすることも顧客対応の基本の一つだ。

「いつからというよりは……ええ、わかりました。また連絡します」

あいさつを返す間もなく、相手は電話を切ってしまった。わかりましたとは言ったが、結局死んだ人の家を片づけるのにいくらかかるかという質問の答えは聞いていない。彼も私も質問ばかりしてろくな回答は何一つ得ていないのだ。このようにあいまいなまま相談が終わることはめったにない。彼が再び電話をかけてくることはない、そんな予感がした。

天気予報と違って、その日から二週間は、長雨が続いた。小糠雨が降っては日に何度も止み、しばらく日が差すかと思うと、いつの間にかまた雨雲が押し寄せ、空を覆う。昼夜なく見ている予報が見事に外れた。天気のせいでオファーの電話も少なくなった。電話が頻繁に来すぎても疲れるが、来ないと来ないで心配になる。一日中電話一本ない日の夕方、フィットネスセンターで運動を終え、脱衣室に入ろうとするときに、呼び出し音が鳴った。

「もしもし、麻浦《マポ》警察署です」

「えっ、はい、何のご用件でしょうか」

警察からの電話はよくある。警察署が犯罪被害者支援事業として傷害殺人事件が起きた血だらけの現場の掃除をたまに依頼してくるからだ。ちょうど仕事がないときだったので、内心うれしかった。

「キム・サンジンさん、ご存じですか」

「いいえ、わかりませんが」

「あなたはこの電話番号でキム・サンジンさんと通話されたことがありますよね。まずはお名前をお聞かせいただけますか」

思いもよらぬ状況だ。仕事を依頼する電話ではない。警察官に名前と住所、住民登録番号を知らせて電話を切り、私の携帯電話の通話記録の中から、警察官が教えてくれた電話番号を探してみる。二週間前の早朝、十数分間ほど通話をした、あの怪しげな相手の番号と一致する。通話した日と時間を確認してから再度警察に電話をかけた。

「通話したことがあります。六月十二日朝七時ごろ、十分程度通話しました」

「どんな内容で通話されたか、覚えていらっしゃいますか。知らない方だとおっしゃいましたよね」

「ええ、自宅で人が亡くなったと言って清掃料金がいくらかかるか聞いてきました。私は特殊清掃業をやっていますもので」

「えっ、特殊清掃業ですか。清掃料金を聞かれたというんですね？」

「はい、その時間帯に業務依頼の電話が来るのはまれなことなので、はっきりと覚えています。何か問題でも起きたんでしょうか」

「その人が今日変死体で発見されました。通話記録を見て、死ぬ直前、最後に通話したのがお宅でしたので。自殺のようですが、遺書は見つかっていません。そのとき通話した以外には、ほかの関係がないんですね。知人だったり……」

「ええ、その日初めて通話しました。人が亡くなったと言いながら、現場の説明をしようとはされないので、私も少しおかしいとは思いました……。携帯電話会社にその日私がかけた電話のリストを照会してみてください」

警察はまた連絡すると言って電話を切った。

汗まみれだったが、いつものようにフィットネスクラブの浴室でシャワーを浴びる気にはなれなかった。着替えてすぐに家に帰り、ソファーにしばらく呆然と座っていた。何も考えられなかった。汗が引くと体が震えてきたので、ようやく服を脱ぎ、シャワー室に入る。脳天から熱いお湯を浴びた。レバーを上げて最高温度にしても、熱は体の奥まで伝わらなかった。かえってみぞおちのあたりはだんだん冷たく凍りついていくかのようだった。しばらくじっと目をつぶってシャワーを浴びていると、あの男性の声が蘇《よみがえ》ってくる。家で亡くなったのかという質問にそういうことにしようと答えたり、死んで一週間ぐらいならいいのかと聞き返して笑っていたり、一つ一つが思い出された。つかみどころのない態度と私の質問に答えるときの戸惑いの理由が、今になって明らかになった。私と電話しているときはまだ死んでいなかったのだ。

自殺を決心して、事後処理のことまで心配し、自分の死にかかる費用を自ら調べようと電話をかけてくる男。いくら世間が血も涙もないといっても酷すぎる。追い込まれた人間が自殺を前に、死後の処理費用の負担まで気にしなければならないなんて……。

私のような、海千山千の何事にも動じなくなった無感覚な人間より、もうちょっと温かくて人間味のある人と、対話をすべきだったのではないだろうか。もしあれが彼の最後の電話だったとするならば……。正しい見積もりを出すために聞いた私の質問は、その一つ一つがナイフになって、まだ生きている彼の胸を鋭く突き刺していたのではないだろうか。私の言葉の一つ一つが自分の死を実感させてしまう、非情で残酷な暗示となっていたのではないだろうか。ただ申し訳なくて、恥ずかしくて、顔を上げることができなかった。神がいるのなら、あの男性が生前に信じていた神がどこかにいるのなら、今からでも彼を呼び戻し、一度でいいから、温かく抱いてあげてくれないだろうか。

泣くに泣けない私は、シャワーの熱い湯に打たれながら裸のまま立ち尽くすしかなかった。

羹《あつもの》に懲りて膾《なます》を吹く

朝早く家を出ると、お隣の玄関の前に大きな袋と紙製のドリンクホルダーが置いてある。詳しくは見ていないが、近所の商店街にあるファーストフード店が配達したハンバーガーとコーラのセットに違いない。

あいさつは一度も交わしたことがないが、ここ数年間、お隣同士で暮らしているだけに、それとなくわかってくることがあった。まず、住人の女性は若いころバスケットボールの選手ではなかったかと思えるほど背が高い。そして、荒々しく吠える犬を二匹飼っている。娘だと思われる若い女性がときどき家に出入りするが、母親似でやはり背が高く、二人が家にいるときは、ときどき争う声が聞こえてくるということだ。もう一つは、お隣の玄関の前にはほとんど毎日のように宅配の箱が届いて山積みにされていることだ。いつも住人は夜中に帰宅するようで、それまで届け物を取り込んでくれる人は誰もいない。

翌朝家を出ると、お隣の玄関の前には、またハンバーガーセットが配達されていた。だが、なぜか前日と同様に宅配の箱は一つもなく、ハンバーガーの入った褐色の袋とコーラの入った紙のドリンクホルダーだけだった。

毎日ハンバーガーのデリバリーか……。忙しいんだな。でも、おかしい。今日も宅配がない。

私が一日の仕事を終えて夜遅く家に戻ったときも、お隣の玄関前には配達されたハンバーガーセットだけがあった。全く同じ位置に袋とドリンクホルダーが置かれているが、どうして昨日のままなのだろう。

リビングのソファーに座って音楽を聴いていると、この数日、隣から犬の鳴き声が聞こえてこないことに気づく。先週末だったたか、夜中の遅い時間に女性二人が声を荒らげて言い争いをしているのを聞いた覚えがある。お隣についての記憶はそれが最後だ。そう思うと不安になってきた。

その女性が隣に引っ越してきたのは、一昨年の夏だった。遠海のいくつかの島を除いては朝鮮半島全体が猛暑に包まれ、突き当たりの廊下の壁に並んだエアコンの室外機も

「ウーウー」と低音のうなり声を昼夜となく上げていた。以前の住人が引っ越した次の日から内装工事が始まり、二週間はずっと朝から夕暮れまで「トンタントンタン」「ドゥドゥドゥルン」といった音が聞こえていた。それとともにシンナーとペンキのにおいも壁を越えて漂ってきていた。

私も仕事柄、周りの住民に日々迷惑をかけている罪悪感から、いつの間にか共同生活への寛容さが身についていた。だからお隣で男女混合のよがり声がしようが、夜間に射撃訓練をしようが、私のすぐ枕元に壁や天井が崩れて落ちてこない限り、仏のような心であえて苦情は言うまいと心に決めていたし、そんな自分が誇らしくもあった。

「そりゃそうだろう。音も出さずに工事なんてできっこないからな」

私は、隣でハンマーを振り回す見知らぬ作業員の立場まで代弁するようになっていた。じっと寛容さを維持し続けてようやく、隣の工事の騒音が止まり、静寂が訪れた。静かな一週間が過ぎると、ある日の夕方からは、犬たちの鳴き声が聞こえ始めた。新しい住居人がやってきたのだ。

愛着障害のある犬たちは、主人が出かけると戻るまで一日中吠え続けた。お隣の住人が毎日家を出る午前十一時十五分から、帰宅する夜中の十二時五分までだ。敬虔《けいけん》主義に心酔した両親のもとで厳しく育てられたカントの強迫神経症のように、お隣の犬たちは主人がいない間ずっと規則的に吠えた。

一日中鼓膜を響かせる犬の鳴き声に、さすがに私の寛容も限界に達し、振り出しに戻ってしまった。悪いことは重なるもので、隣の犬が泣き始めると、それに応えるように遠くの犬たちも吠え立てる。私を真ん中に置いて、犬たちが求愛するのか、罵り合うのか、それぞれが意味のわからない言語でやり取りするのだ。

——こいつら、よく飽きもせずに吠えるもんだ。私だって、成熟した民主主義社会の一員なのだ、このまま黙っていていいものだろうか。管理事務所にでも電話して訴えてやろうか。

わずか数日の間に、私の神経は急激にすり減っていった。

そんなある日、早めに寝床に入った私は、犬の鳴き声で目を覚ました。朝早くから車で地方出張に出かけるため、あと三十分は寝ておかなければならなかった。うつらうつらする中で体を起こしてみると、今犬を飼っているのがお隣ではなくて、自分のような錯覚に陥った。気を取り直して腕時計を見ると、正確に夜の十二時五分。お隣の主人の帰宅時間だった。無性に腹が立ち、壁に向かって「イヌマエル・カント」の前の二音節、[注9]つまり下品な罵声を浴びせたくなるのを必死でこらえた。

数か月が過ぎて秋になると、幸いにも隣の犬たちは、いたっておとなしくなった。彼らも新しい環境に適応する時間が必要だったようだ。ときにはわきまえもなく吠えたてることがあるが、何時間も吠えっぱなしということはもうなくなった。ただ「あなただけを待って留守番をする、このつらい思いをわかってほしい」と訴えるかのように、主人が出かけるときと帰宅するときだけは猛烈に吠える。

そうだな。この程度でもありがたいことだ。野生の感性をすべて失って、声も出さずにいる犬たちを見るのも、哀れだからな。

限界に達していた私の寛容さはまた回復しつつあった。人間不思議とどんな環境でも慣れるもので、もう、ちょっとやそっとの犬の鳴き声には反応しなくなった。ただ、やはり犬に翻弄されている感覚が消えることはなく、釈然としないまま季節が過ぎ、年が替わった。

そして今、そんなお隣の玄関の前に、数日間ずっと放置されているハンバーガーセットがあるのだ。

気になると抑えきれない性分の私は、外に出て自分の目で状況を確かめることにした。

まず、ハンバーガーの袋に付いている小さなタグを見た。ファーストフード店の注文コードと発行日が印刷された領収書を通して、すでに配達から三日が経っていることがわかる。配達されてから誰も触っていないのも明らかだった。袋の中で冷めて縮こまっているハンバーガーを見て、職業的な嗅覚が刺激された。死者宅を最初に訪れるときに目撃する、玄関前の情景とその記憶が、放置されたハンバーガーと一直線上で結びついたのだ。

もしかして、自分で命を絶ったのではないだろうか。

人生を悲観したあげく、子どもと妻を殺し自殺を選んだ男のニュースは、今の時代珍しくない。根強い家族主義の絆に縛られ続けている韓国社会では、往々にして起きる悲劇だ。想像の中で横たわったまま動かない犬たちの姿が浮かぶと、私はすぐさま頭を横に振った。また、ある記憶の中からは、主人が一人で死に、その周りを犬がうろつきながら、あちこちに血の足跡を付け回った部屋の情景も思い浮かぶ。いつか見た、あの赤黒い足跡をどうして記憶から消し去ることができようか。いつの間にかお隣に対する不安は、陰湿な色彩の水墨画のように、頭全体にじわじわと広がっていった。

部屋に戻り、私の沈み込んだ様子を見つめる家族たちに、不安を正直に打ち明けた。

「犬たちを連れて旅行にでも行ったんでしょう。最近プール付きのペット同伴ペンションなんてのが、流行しているっていうじゃない」

妻の反応はこうだった。それもありうると思い、あと数日間、様子を見ながらもう少し具体的な兆候を見つけよう、そして、そのうえで管理事務所に知らせ、警察にも届け出ようと思った。もしかしたら、事案の重大さを説明し、私の推理の説得力を強調するために、今までは出会うたびにつまらない冗談を交わしているだけだった警備員にも名刺を差し出し、私の職業について打ち明けることになるのかもしれない。

その後、私は昼間何回か家を出入りするたびに、隣から何かにおいがしてこないか注意していた。人が死んで腐敗するときに出るにおいなら、誰よりも早く感知できるという自信があった。しかし、玄関の前では、依然として何のにおいもしなかった。手がかりと言ったら、ゆっくりと干からびていくハンバーガーと静寂だけで、そういった事実が、一方では安心として、一方では不安として、私に迫ってくる。

さらに一日が過ぎ、いつものように夜が訪れた。夜中の十二時が過ぎたが、周囲は静かだった。犬たちが吠えるのにいら立ち、お隣に対して恨めしい気持ちを抱いていた私だが、今はかえって自分自身が恨めしく思われた。あれこれ心配したり雑念を抱いたりしながら横になり、習慣のように本を開いて読み始めたが、いつものように十分も経たないうちに眠りについた。

しばらくすると、私はどこかの崖っぷちにしがみついていて、ついには指の力が尽きてしまう。手を放すと、底も見えない真っ暗な渓谷に落ちていく。背中が崖の壁にぶつかる。痛くはないが、衝撃音がうるさくて、両耳を塞ごうとするが、その瞬間目が覚めた。すると、うるさい音は夢ではなく、現実にお隣から聞こえていることがわかった。まだ窓の外は暗いが、キャンキャンという、静寂を突き破る声が聞こえてくるのだった。

犬たちだ。お隣の女性が生きていた。彼女は死んでいなかった。

驚いてベッドから上半身を起こす。手首を上げて時計を見ると、朝方の五時半だ。思いもしない時間に眠りから覚めたが、腹が立つどころか、うれしい限りだった。朝方の突然の興奮と込み上げる感情。本当にうれしかった。ため息か、笑い声か、自分にもわからない声が漏れ出る。

羹《あつもの》に懲りて膾《なます》を吹くというが、長い間死者宅に出入りしていたら、何ごともない家も見分けがつかないようになってしまった。何年かぶりにペットを連れて旅行に行ったかもしれないお隣の女性を勝手に亡き者にし、おまけに犬たちのことにまで気をもんでいたとは……考えてみると、なんと呆れた空想だ。死者宅を片づける人間が感じる日常的な不安とトラウマが作り出す虚構であり、ハプニングだった。

夏バテした牛は月を見ても息が上がるというが、まさに今の私がそうだ。舌をやけどするのがいやで、膾を一生懸命吹いているのだから、一体いつになったら、ご飯を食べ終えることができるだろう。

心配性の人よ、つまらない心配事ができたら、その日のうちにきれいに吹き飛ばしてしまおう。それでも不安や心配のかけらが残るようなら、雑巾がけをするように、手を大きく左右に振って払いのけよう。もしあなたが賢い清掃員なら、怖さや疑念の雲に隠れてしまった一日一日の幸福を、掃いて拭くという、あなたの特技で見つけ出すのだ。

夜が明けたら、マイクを手に各世帯共用のスピーカーを通して、室内放送でもしたい気分だ。

——一二〇五号室にお住まいの居住者にお伝えします。犬たちとともに生きていてくれたことに心より感謝いたします。

注9　女性に関する隠語。

トイレ掃除

インド全域を旅行しようという人なら、ニューデリー駅の前にあるパハールガンジというにぎやかな区域に一度は立ち寄るだろう。特に初めてインドを訪れる人は、旅の初日の夜をここで迎えることが多いはずだ。それはインディラ・ガンジー国際空港から近いだけでなく、巨大なインド大陸の東西南北、どこへでも行ける交通の中心地だからだ。両替所や食堂など、あらゆる商店が立ち並び、世界で最も多くの客引き、スリたちが活躍するところだ。

私はバックパックの上に寝袋を、下にサンダルをぶら下げて、「安さ最優先」の主義に則ってインド全域を旅行していた。すでに南部を経て中部地方を旅した私と友人一行は、ダライ・ラマに出会えるかもしれないという淡い希望を胸に、チベット亡命政府の所在する北部に向かおうと、再びパハールガンジに戻ってきていた。選択の余地もなくすぐに「ブライトゲストハウス」という明るそうな名前の宿に向かう。前もって歩き回って探した結果、そこが駅から最も近かったからだ。長い旅を続けるために一ウォンでも節約したかったので、シャワー付きの部屋はやめ、在来式の便器だけがついた二階の部屋を取って料金を払った。リピーターであるという口実で交渉をしたが、昼間の接客を担当するミスター・シンは、ここより安いところがあるならどうぞ行ってくれと、自信満々な笑みを浮かべ、鼻ひげの先を指で撫でまわした。

泊まる部屋に着くと私たちはまず窓を開け、壁にひっ付いているトカゲを追い払い、到底まともな精神状態では横になれないほどに汚れたベッドのシーツの上に、寝袋を広げた。ベッドにあおむけになって天井の真ん中で鈍い音を発しながらゆっくり回る扇風機を見ていると、羽根の一つが今すぐにでも落ちてきて当たりそうなのに、全く動じずにいる自分に気づいた。そうだ、なるようになるさ。インドで韓国人がゲストハウスの天井から落ちてきた扇風機の羽根に当たって死んだなら、外信で一行ぐらいは報道されるだろう。汽車に乗っているとき自称薬剤師のインド人からもらった英字新聞に、遠く離れたインドのバラナシまでやってきて自殺したある日本人の記事が載っていたではないか。

長い汽車旅の疲れのため、すぐにでも寝てしまおうかと思ったが、扇風機が回る中じわじわと漂ってくる悪臭で目が覚めた。慣れてはいても、勘弁してほしいそのにおい。トイレと呼ぶにはあまりに粗末だが、床に便器があるだけにトイレとしか呼びようのない、ドア左側の壁に開けられた空間から、そのにおいはやってきた。

私と友人たちは、バックパックから取り出した洗剤を水に溶かし、そこに皿洗いに使う緑色のたわしの一部を浸して、床を磨いた。タイル一つない、ザラザラのセメント床と便器にへばり付いた便のカスを洗剤で溶かして磨くだけでは、においはそうそう消えなかった。男の宿泊客たちがこの狭いところに立って小便をするため、尿の滴《しずく》が壁に飛び跳ねているのだ。壁も壁だが、用を足す人間のすねにも、たくさん飛び跳ねていることは言うまでもない。そのまま夜の街に出れば、食堂の周辺に群れをなしてさまよっている犬たちに、さぞかし歓迎されることだろう。私たちが汗だくになって壁まで磨き上げると、ようやく呼吸器官を持つ生命体がまともに息のできる空間になった。

いろいろな掃除の記憶でいっぱいの私だが、人生で最も印象的なトイレ掃除を挙げるなら、一番にこのインドのパハールガンジの宿が思い浮かぶ。すでに十数年が過ぎたが、その日のブライトゲストハウスのトイレ掃除が、私の記憶の中では古代壁画のごとくそのまま消えずに刻まれている。おそらくその日掃除を終えたときに、何にも代え難いほどの達成感を覚えたためだろう。

もう一つ、鮮明に記憶に残っている話がある。

初雪の降る日の朝、四坪ほどの下宿屋の部屋を片づけてほしいという電話が来た。依頼人は夏には引っ越したいが、ゴミと雑多な家財道具がドアを塞いでいるため、そこから抜け出すことができないと言った。彼女の要求は下宿の管理者が出勤してくる夜七時までに、部屋をきれいに片づけ、何事もなかったかのように痕跡を残さずに消え去ってほしいということ、そして便器が詰まっているので、直接修理してくれるか、それが難しければ配管工を呼んで解決してほしいということだった。

見知らぬ人間の到来に、廊下を行き来する下宿の居住者たちはちらちら視線を投げてくるが、それをあえて無視して、私はドアを押し開け、彼女の部屋に入った。依頼人の悩みは決して誇張されたものではなかった。実際に入り口に積まれたゴミの山のせいで、ドアもなかなか開閉ができない。部屋の備品ということで勝手に処分してはならないベッドも、ゴミに埋もれて全く見えない。しばらくの間ゴミと品物を種類別に袋に詰め込むと、ようやくベッドの片隅が姿を現す。横のジッパーを開けて、食べ物のタレで汚れたマットレスのカバーを剝がしたころになると、ゴミの整理はようやく一段落する。だが、それからエレベーターのない建物の五階から下までゴミを運ぶことを考えると、少し生まれた心の余裕もすぐさま吹き飛んでしまう。

ゴミの整理を終わらせる前に一息つくつもりで、詰まった便器の様子を見ることにした。配管工を呼ぶか、自分でやるかを判断するには、まず封印されたパンドラの箱を開けて見なければならない。便器の下の床は、洗浄剤を撒いてふやかした後に、金属ノミで剝がさなければならないほど、乾ききった紙が何層にも重なって張り付いている。長い間水を全く流していないからだった。依頼人が自分の部屋のトイレを利用しなくても生活できるのは、トイレ付きでない部屋の居住者のために設けられた共同の洗濯場とトイレがほかにあるからだ。ピザの食べカスやチキンの骨のような食べ物のゴミに嗅覚が慣れてしまったためなのか、便器の周辺に行っても特段においは感じなかった。それで何の躊躇もなく、軽い気持ちで洋便器のふたを開けた。

本能のランプが瞬時についた。開けたふたを光の速さで閉める。今自分が見たものは何だったのだろう。便器はただ詰まっただけでなく、便を含む汚物で一杯だった。一目見た印象としては、角の取れたピラミッドだった。便とトイレットペーパーですでに便器が詰まった状態なのに、さらにその上に用を足し続け、あふれ出る寸前で固まっているのだ。それでも幸いなのは、長い時間が経過しているので、においはピークを越え、半減期も過ぎて、微々たる状態になっているという点だ。

配管工の大ベテランを呼んだとしても、この深刻な状況の便器を見たら、頭を横に振って後ずさりするだろう。結局この事態を打開できるのは、パンドラの箱を開けるという無謀なことをしでかした人間以外いない。しかたなく防毒マスクをかぶり直し、便器の横にうずくまって座り、ゴム手袋をした両手で便をかき集めては袋に入れ始めた。残念なことに、この世にはまだ便器に詰まった便をかき出す道具が発明されていない。私だったら、誰よりも早くクラウドファンディングに加わるだろうが……。

上段の硬い便を取り除くと、その下にはこってりした液体の便が現れた。袋に便を詰め、それを二重に縛っては、破裂しないようにさらにほかの袋で包み込む。この単純な作業を何回繰り返したことか。便が飛ばないように、かなり緊張してうずくまっていたため、腰は抜けるほど痛く、長い時間曲げたまま耐えていた足の裏は、燃えるように熱かった。外には初雪が積もっているのに、あふれて出た汗が防毒マスクの凹みに溜まり、息をするたびにびちゃびちゃと音がするほどだ。

三十分ほど経過しただろうか。なかなか手につかめず、横から流れ落ちる便を必死でかき集めたおかげで、便器の中の汚物は一掃された。これだけでも、私の心は軽くなった。ついにやったぞ。防毒マスクを外すと笑いがこぼれる。すでに汚いなどといった意識は、頭から完全に消え去っていた。

次に、準備していた黒いゴムのスッポンを便器の底に押し当て、力いっぱい上下させた。しばらくは圧縮しても何の変化もなかったが、ある瞬間、便器の下のどこかでゴボゴボッという音がしたと思ったら、ザアーという快音とともに水が流れた。私はスッポンを床に置いて、両手を挙げた。万歳！　便器と死闘の末、一人の人間が勝った。この満ち足りた達成感と幸せを誰と分かち合えばいいのだろう。

振り返ってみれば、私はどれだけ多くの便器を磨いてきたことか。便器の中にはいつも汚くてにおいのする、ぞっとするようなものが入っている。大小便はもちろんのこと、酒を飲んだあとの吐瀉《としゃ》物でいっぱいの便器もあったし、持病を患って孤独死した人が発見された家では吐血した血の溜まった便器も発見された。地上のどんなに汚くてやっかいなものも、すべて受け入れてくれる限りなく寛大な存在、それが便器だ。私のこの考えはそう簡単に変わりそうもない。

トイレ掃除を終えてから、陶器用光沢剤を撒いて、便器と洗面台を大天使ガブリエルの歯のごとく、まぶしいほどに真っ白に磨き上げれば、実に満ち足りた気分になる。汚いとか不快だといった思いは影を潜め、その場には素朴ながらも満ちあふれる幸福感だけが残る。

汚いトイレの掃除のように、人間の心もしばらく苦悩する時期さえ何とか耐え凌げば、やさしくなり明るくなる。普段、憂鬱さから抜け出せず、単純に幸福になれる方法ばかりを追い求めている人には、何よりもトイレ掃除を勧めたい。その達成感は信じられないほどすばらしい。

紙幣のように真っ青な顔で

犯罪現場に着いてみると、そこにいる人たちの表情は大体凍り付いている。被害者の家族や知人たち、私たちを呼んだ地方警察庁の聴聞監査室の行政職警察官や事件が起きた住所を管轄する派出所の現地警察官、管理事務所の職員や警備員たち……。集まったすべての人の表情が一様に暗くて冷ややかなのだ。血痕を拭きに来た私たち清掃員も現場に行くまでの車内では、事件と関係のない話題で歓談し表情をゆるませていたとしても、いったん両手に装備を持って規制線の中に入った瞬間からは、緊張した固い表情に変わってしまう。

夕立の後に道路にできる水溜まりのように、黒い血は現場の床に長い楕円形を描いて凝固し、四方の壁に血痕が飛び散っている室内は、空気までが変わる。人が死んで長い間放置されていたところに比べれば、さほど困惑するほどのにおいはないが、不文律のように、犯罪現場に足を踏み入れた人間はすべて、その重苦しい空気に口を閉ざしてしまう。血だらけの事件現場がぞっとするほど恐ろしいのは誰にとっても同じで、そこにドラマにある描写のような慈悲のようなものはない。

事件や事故をニュースでのみ接する一般の市民には知られていないが、犯罪で不当な被害を受けた人を保護し、支える趣旨から、流血の事件現場には、特殊清掃の支援が施される。以前は各地方検察庁に属した犯罪被害者支援センターが担当していたが、いつからか警察庁人権保護担当官の主管のもと、全国の地方警察署も関与するようになった。大韓民国全国の、上意下達と指揮・従属関係の中でも、競争と協力関係のぎりぎりの綱引きをしてきた検察と警察が、今は時代の流れに遅れまいと、人権サービスにおいても先を争って手本になろうとしている。清掃する側としては、誰の依頼だろうが文句をつける筋合いもなく、また、どちらの味方をすることもない。私がある地方警察庁の聴聞監査室に立ち寄ったとき、担当の警視に「最近、検察側の雰囲気はどうですか」とそれとなく鎌をかけられ、的外れな返答でお茶を濁したときのことが思い出される。

私たちはただ、どんなところでも痕跡が残らないようにするだけなのだ。

声をかけてくれたのが警察だろうと検察だろうと、神様を信じる人だろうと仏様を崇める人だろうと、ただ私たちは被害者の立場に立ってゴマ粒のような小さな血痕を逃さず見つけるだけであり、いつか悪夢を思い起こさせられることがないように、そのもとになりうるものをすべて取り除くだけなのだ。どんなに小さなものでも事件の痕跡を残さず、完璧に払拭する。それがわれわれ特殊清掃員の自負だ。

これまで受け持ってきたのは、ほとんどが金に絡んだ殺人や殺人未遂、傷害致死事件の現場だった。まれに性犯罪や痴情がらみの犯罪現場からも依頼はあるが、検察や警察が積極的に被害者のために清掃サービスを支援しようとするケースは、一般人がどうにも怖くて手を出せないくらい残忍な事件であり、それは主に金の絡んだ犯罪だ。現場に伏して、鮮血が凝固してできた赤黒い膜を床から剝がそうとするとき、私は「金ほど人間の感情を混乱させ、激昂《げっこう》させるものはない」と改めて思わされる。金は電算上ではただの数字であり、現実の生活では一定の大きさに切った薄っぺらな紙片に過ぎないのに、真実を自白させる悪の呪符にでもなったかのように、それを前にすると、多くの人間は膝を屈し、汚い本心を露呈させてしまう。

私が清掃を受け持ったのは、金銭トラブルの結果、自分と配偶者の直系尊属の間で互いの恨みから偶発的な争いが起き、破局を迎えたという事件現場が多かった。尊属殺人のように大きな社会的論点になった事件であればあるほど、人権サービスは躊躇なく施され、私たちのような清掃員が呼び出される。

弟が兄を刺し殺し、夫が妻の首を絞めて殺したうえに、妻の姉も殴って殺す。大切な絆でつながっている家族のはずなのに、金が絡むと仇敵関係になってしまう。

ずっと自分の顔を剃ってくれている理髪師も、いつ自分に危害を加えるかわからないと言って、最後まで不信感を持ち続けたショーペンハウアー。彼の哲学から教訓を得ている者がこの現代社会の現象を見たら、それまで修得してきた厭世《えんせい》主義的世界観にさらに自信を深めるはずだし、「それ見ろ。この世はこれほど非情で希望がないのだ」と鼻を高くしそうだ。このような現場では被害者家族がそのまま加害者家族になる場合も多いので、誰であろうが下手に慰めの言葉を口にしないほうがいい。私もどこまで掃除するかを聞く以外は、黙って仕事にだけ集中している。

犯罪現場に集まった、憂鬱そうに口を固く閉ざした人たちが、現場を離れてそれぞれ家に帰り、家族とともに夕食を済ませ、疲れた体を寝床に横たえたとき、一体どんな表情になっているのだろう。もし夢の神モルペウスがこれらの顔[原注12]を見下ろしているなら、きっと我々が最も純真だったころの母親の姿になり替わって降臨し、「わが子よ、悪夢は忘れなさい」と、一晩中子守唄を歌いながら、髪の毛をなでてくれるかもしれない。

「私が神から受けた恩寵《おんちょう》があるとしたら、それは忘却です。懺悔《ざんげ》室から出てくる瞬間に、教友たちから打ち明けられた煩わしくも心乱れる悔い改めの告白を、すべて忘れることができるのです。それができずにストレスで苦悩する同僚の神父たちもいます。でも私は、私に懺悔した教友たちに何の偏見もなく再び会うことができるのです」

安息年[注10]を送るために、石塀で囲まれた小さな山の家に移り住み、訪ねてきた人たちに自ら淹れたコーヒーを出してくれていた、ある神父の言葉が思い出される。恩寵だといって忘却を与えてくださる神様。そのときはそれがなぜ恩寵なのか理解ができなかった。しかし、金のために死んだり殺されたりした、全国各地の家庭を訪ね回っているうちに、すべてのことに厳格で固い表情をした神より、ちょっとしたことには目をつぶり忘れてくれるやさしい神のほうを信じたくなったのだ。

どうか、今晩私にも恩寵が下りますように。無表情な顔より、おしゃべりで感情豊かな顔のほうが恋しくなるものだ。私もときには忘れるために、祈りを捧げたい。

注10　ユダヤ教の律法書であるトーラーに記載のある古代イスラエル王国やユダ王国の習慣で、七年ごとの周期の最後の年に、作付けをやめ、負債を免除するというもの。

ホモ・ファーベル

人間の自殺にアイロニーがあるとしたら、何かの助けなしには一人で成し遂げられないということだ。毒物なりロープなり、道具を利用しなければ、容易く死ねないのだ。高いところから身を投げて死のうとしても重力という物理の法則に加えて自分の体に実質的な衝撃を与える地面という強力な補助物が必要だ。漢江《ハンガン》の橋から飛び降りる理由は、体を投げ出した瞬間、自分の代わりに自分の命を奪ってくれる深い川の水が待っているからだ。

自分の手で首を絞めて死のうとしても、息絶える前に疲れ果ててしまうか、意識が混濁して途中でやめてしまう。自分の意思で呼吸を止めて死のうとして成功したという話も聞かない。ましてや自分を直接拳で殴って死ぬなんて……。そのような無謀な試みは、よくスラップスティック・コメディのワンシーンになったりはするが、それだけだ。つまり人間はもともと自分を簡単に殺せるようには生まれてきていないということだ。

今や人類は自殺の道具や補助物のような物体に飽き足らず、直接死を助けてくれる人を求めるようになった。これを、共同体意識の進化と見るべきか、退化と見るべきか。

安楽死というのも、結局は自力だけでは死ねなくて、医療関係者のような第三者に殺人を請け負わせることで成り立っている。韓国は「延命治療の中断」については少しずつ認める方向で法律整備がなされているが、積極的な自殺幇助《ほうじょ》については「嘱託《しょくたく》と承諾による殺人に関する刑法」原注13によって依然として厳しく禁じられている。オランダとスイス、カナダなどは、名分と条件を定めて早くから安楽死を合法化していた。アメリカのオレゴン州も一九九七年から安楽死を許可したが、アンケート調査によるとアメリカ人の約七〇％が「自分の選択」による自殺幇助に賛成だという。安楽死が認められる前、社会学者たちは公共保健制度の恩恵から疎外されて老齢を迎えた貧しい人たちが安楽死に追いやられるのではないかと心配していたが、実際はむしろ経済力のある高学歴者たちにその志向が強い。一人で生きづらいのも人生、一人で死にづらいのも我々の人生のようだ。

これまで自殺現場に出入りしながら、命を奪った手段がそのまま現場に残っている様子を目撃してきた。ベランダの天井やガス管にぶら下げた洗濯ひもの結び目を解き、キャンプ用の簡易火鉢の中に残った、着火炭の灰を取り除くのは、すべて私たちの仕事だ。窓のすき間から入り込む風に揺れる切れたロープを見ていると、何とも言えない憐憫の情が押し寄せてくる。有毒な煙を発生させて人命を奪った一握りの灰があまりに軽く、容易くゴミ袋に放り込まれる様子を見ていると、死者の選択を責める気持ちなどすっかりなくなってしまう。死者の心も思いやれないくせに、どうしてその死を責められるというのだ。

多くの自殺現場を見ながら、死者の職業と自殺に使われた道具がたびたび密接な関係にあることを発見した。見知らぬものを探すより、見慣れたもの、身の周りのものから自殺道具を選ぶのだ。

ある男はパソコンのモデムなどをつなげるイーサネットケーブルで輪を作り、アパートの壁に打ち込んだ十数本の釘にくくって首を吊った。引き出しから発見された透明のプラスチック製の箱からは、『ITエンジニア』という肩書の彼の名刺が出てきた。

会社の会議室で死体として発見されたある男は、自分の会社が中高等学校の化学研究室や企業の研究室に納品していた実験用の薬品を腕に直接注射し、大量の血を吐いて死んだ。喪主が葬儀場で弔問客を見守るように、何人かの社員は私たちが室内で血痕をきれいに消し去る間、ずっとドアの外で亡くなった社長を偲《しの》んで涙を流していた。気慰《きなぐさ》みとして私たちにできることと言えば、使い捨ての注射器と空になった注射アンプル、そして非常に微細な血の跡まで、彼の死を連想させるすべてのものをきれいに跡形もなく見つけ、拭い去ることだけだった。

グラモキソンという除草剤がある。農村や漁村で自殺の手段として最も多く使われた農薬だ。一時は毎年二千人以上がこの猛毒性の農薬を飲んで自殺した。[原注14] 遅ればせながら、除草剤メーカーは凝固剤と嘔吐誘発剤を添加して毒が体中に広がる前に胃腸内にとどめ、飲んで数分内に吐かせるという、「グラモキソンインティオン」[原注15] を商品化して出した。ところが、農村振興庁は職権で農薬の主要成分であるパラコート液剤自体の登録を全面的に抹消してしまった。優秀な除草効果のため当局の廃棄命令を逃れて、倉庫に保管されているものがあるというが、もし今グラモキソンを新しく欲しがる人がいるとしたら、その多くは自殺を図ろうとしている人と見ていい。

死者宅を我が家のように出入りしている職業とはいえ、自殺に使われた道具を目のあたりにしたときは、平穏だった私の気持ちも一瞬にして波立つ。また、それが死者の職業と関連のあるものだと気づくと、心は乱れる。そのような自殺道具は、死者が生きてきた一日一日の日常と生計を物語る手段であると同時に、死にいたる過程をつまびらかにする直接的な証拠にもなるからだ。

フランスの哲学者アンリ・ベルクソンは人間の特性を知性とみなし、技術を磨き、道具を作って使用する「ホモ・ファーベル」の知性が人類を成功に導くと主張した。同時にその知性こそが人類社会を解体させる、最も危険な要素でもあると述べた。人類を生かすのも知性、壊滅させるのも知性という考え方は、生きているときの生計維持の手段が一瞬にして死の道具にもなってしまう自殺現場と通じるところがある。

知性を持つ人間、ホモ・ファーベルがその知性で自殺の道具を選ぶ。実に残酷なアイロニーだ。しかし、本質的なアイロニーは人間の生死、そのものなのかもしれない。コインの裏表のように、互いが背中を合わせているだけで、人の生と死は、結局一つであり、そのうち一つをなくしたら成立しないのだ。生まれた瞬間から死に向かって、休むことなく進む、それこそ、わが人生の、人間存在のアイロニーなのだ。

ちっぽけな夜のピアニズム

このまま働いたら長生きできないとぼんやり考えていたある夏の夜、しょうゆ漬けにしたワタリガニの硬くて身のない足をしゃぶりながら、突然ピアノを習おうと思いたった。

一か月以上黄砂が空を覆ったまま、異常高温現象が続き、その中で孤独死の死体のにおいに耐えられない人たちがあちこちで悲鳴を上げていた。彼らの抗議を聞き入れた家のオーナーや遺族が慌てて対応したことで、私たちは都市のあちこちから呼び出されることになった。仕事の少ない冬も心配だが、短期間に注文が殺到する夏も苦難の毎日だ。舌にできものができ、唇がひび割れ、関節や筋肉が外れたかのようにギスギスする。特に肉体の中でも一番矮小《わいしょう》な手の指は、節々がしびれ、ズキズキ痛む。ビタミンと抗生剤、疲労回復剤をまとめて飲んでいても、それはすでにしおれきった花にコマメに水ばかりを与えるようなものだった。

その日も仕事が長引いて遅い夕食を取っていると、ある考えがふと思い浮かんだ。するとそれは画仙紙に墨がにじむように、一瞬にして私の心を支配した。毎晩下手でも自分の手で直接ピアノの鍵盤を叩いて美しい音を出せたなら、その瞬間だけは、すべての疲れと苦痛が吹き飛び、心の安らぎを得られるのではないか。そんな考えだった。因果性が全く見られない思いつきだが、一度そういう期待を見出すと、ピアノだけが私に残された唯一の出口であるかのように思えてならなかった。

私が住んでいる地域内でピアノを教えてくれる人をオンライン上の音楽コミュニティーで見つけて電話をかけた。作曲家でもあるその人のアドバイスで中古のデジタルピアノを買い、夜も練習できるようにヘッドホンを注文した。また、ハノンのような教則本と楽譜集も購入した。

その日から、肉体労働者のごつごつして血管の立った指がピアノの真っ白な鍵盤を叩くという、いささかギャップのある情景が毎日繰り返されるようになった。ある日は十分足らず。また、ある日は夕方のニュースの時間から真夜中まで。仕事のない日は心ゆくまで、私はピアノの前に座っている。

「私が教えている実用音楽学科の受験生よりも熱心でいらっしゃいます」

実力は期待しているほど早くは上がらないが、その作曲家は数年間、やさしく根気よく教えてくれている。

私の最初のピアノ練習曲は金素月《キムソウォル》の詩に悲しいメロディーをつけた童謡「母さん姉さん」。なぜか、大人になってこの歌にさらに魅了された。軍事訓練を終えて、ある陸軍補給廠《しょう》の警備中隊に配置され、歩哨《ほしょう》に立ったときも、何度となくこの歌を歌った。

母さん姉さん　川辺で暮らそう
庭には輝く金色砂の光
裏門の外には葦葉の歌
母さん姉さん　川辺で暮らそう[注11]

母さん姉さん川辺で暮らそう。この最後のフレーズを歌うとき、心の片隅がキューッとなる。川辺に注がれる太陽の光に砂地が輝き、うっそうとした葦が風に吹かれるままにサアーサアーと首を垂れる、まだ見ぬ川辺の景色。少年は本当にそんなところに行きたかったのだろうか。今ここから逃れられるなら、ここでさえなかったら、この世のどこでもよかったのではないだろうか。

鍵盤の上に左手の指を集めて「ズンタッタッ」とワルツのリズムを叩き、右手の指で懐かしいメロディーを奏でると、歩哨に立って迎えた長い夜の闇がいつの間にか私を包み込む。湿気を防ごうと鉄製ヘルメットの内側に差し込んだ新聞紙のにおいまで蘇ってくるようだ。あのとき一日も早く拘束から逃れ、ほかのどこかへ行きたかった。自分がいるべきほかのどこかへ。それが毎晩歩哨の周辺をうろつきながらこの歌を歌った、人知れぬ理由だったのかもしれない。


ジョン・レノンの「オー・マイ・ラブ」はピアノで練習した最初のポップソングだ。時間単位で借りるスタジオのアップライトピアノの前に座って楽譜と指を代わる代わる見ながら、一小節ずつゆっくりと鍵盤を叩いていると、ぼんやりとした記憶の中に、あの日見た父親の顔が思い浮かんだ。

漢南大橋《ハンナム》で長い交通渋滞の列に入った私はハンドブレーキを引いた。前の車に進む気配がまるでないので、諦めてラジオのスイッチを入れたとき、ちょうど兄から電話がかかってきた。出勤する朝七時という時間帯は、誰かが死んだという冗談を言うには早すぎる時間だ。いつもと違って声が昂っている兄の話を冷静に理解しながらも、父が死んだという事実は、しばらく信じることができなかった。

火葬炉に遺体を押し入れる直前に見た父は、ずっとともに生きてきた人とはとても思えないぐらい、馴染みのない顔になっていた。家の前の川に落ちたため、体がふやけて顔が腫れていたのだ。上まぶたと額、頬がひどく膨れ上がった顔は、通常の大きさではなかった。火葬場の遺族待機室に設置されたモニターの画面には父の名前が表記されていて、その上に「故」の字がついていた。名前の後ろの「火葬中」という赤い文字を見ながらも、私は馴染みのないその顔が、本当は父の顔ではないのかもしれないと最後まで思っていた。

I see the wind, oh I see the trees
Everything is clear in my heart

私の記憶の中の父は本当に理解に苦しむ人だった。どうすればあそこまで極端に激昂することができるのだろう。どうして一度込み上げた怒りを、誰かにぶつけなければ鎮められないのだろう。そんな爆発物のような人間に誰がかかわろうとするのだろう。いつも短いスポーツ刈りで、背は低いががっちりした体格だった父は、誰を相手にしても気難しい人だった。友と呼べる存在は見たこともなかった。だからこそ私は父へのやさしさを失わない母にずっと同情していた。爆弾に付いた土を自らの手で払い落とし、きれいな水で洗っては大切に胸に抱いてくれる唯一の人だったがゆえに、母の人生は絶えず傷つき、苦痛に満ちたものだった。

I see the clouds,　oh I see the sky
Everything is clear in our world

漢南大橋でカーラジオから流れていたこの歌を、ピアノの鍵盤で奏で歌ってみる。ゆっくりと弾くメロディーの中で、今もすべてが鮮明に浮かび上がる。幼いころ父親をどれだけ憎んだことか。ここでないところ、あなたがいないところならどこでもいい、ほかのところに行くのだと、どれだけ多くのことを計画し、修正し、諦めたことか……。

「それでも今は、よかったことだけが思い浮かぶのよ」

母は自分の世話をしてくれている兄の家から、ときどき私の家にやって来て過ごしながら、父に対する思い出話をすることがあった。楽しくはないが、だからといってやるせない過去を残したまま逝《い》ってしまった父のことを恋しがる母をなじることはできない。
父が亡くなって数年が経つと、母は再び衰弱した。持病が再発して孫娘のいる兄の家を離れ、孤独な病室に戻っていった。思い出にすがって何とか耐えしのんできた人生は、突然の颪に虚しくも吹き消されてしまった。夫を送り出した火葬場に、自分も同じように一握りの灰を残して去っていったのだった。

夜は招かずとも必ず来る。明けくる朝を誰もが拒めないように、闇は生きている間、ただの一日も欠かさず、毎晩訪れる。それが自然のなすことだ。ときにはその心なさに傷つき、ときにはその変わらなさにほっとする。厳かで誰にとっても公平な夜に包まれると、すべてのことが小さくてとるに足らないものに思えてくる。

「それでも父さんはいつもおまえのことを考えていたんだよ」

だしぬけに母が口にした言葉に何も言い返すことができなかった。最初はその言葉を思い出すたびに腹が立ったが、今となっては理解できそうな気もする。

もう一度、ピアノの前の椅子を引き寄せる。白と黒の鍵盤が私の明るくも暗い思い出のごとく並んでいる。一小節を弾いてしばらく考えに浸る。また二、三小節を一気に弾いて手を止め、別の考えに沈み込む。今、この指はピアノの鍵盤を辿っているのだろうか。私の記憶を辿っているのだろうか。ここまでくると音楽と呼ぶには恐れ多い。あまりに長く、あまりに寸断されたリズムとメロディーだ。しかし、それがとるに足らない哀れな考えで心細くなった夜に、私を慰めてくれる、私だけのピアニズムなのかもしれない。

I feel the sorrow,　Oh I feel dreams
Everything is clear in my heart

たまに父を懐かしく思うときがある。大変だった一日を過ごし、疲れ果てた夜は、より鮮明に父の姿が蘇る。いつだったか、冷たく口を固く閉ざしたままの私の前で、涙をこらえきれずにいた父の哀れな姿も、あたりかまわず激昂して張り上げていた大声も、病床に臥した母の血の気のない手をじっと握って祈っていた、その指の短くていかつい手も、すべてが思い出される。

私の感情はピアノの鍵盤のように、明るいものと暗いもの、うれしいものと悲しいものが入り混じっている。いつかは母のように私にも父のよかった記憶だけが蘇る日が来るのだろうか。自然の法則のように、招かなくても必ず来る、この夜の厳かさのように、あらゆるちっぽけなものが消え去り、愛の記憶だけが私を包む、そんな時間が本当にやってくるのだろうか。

注11　韓国で有名な詩人である金素月の詩。『엄마야 누나야（オンマヤヌナヤ）』。

エピローグ――人間という存在のアイロニー

水道の蛇口のアイロニーは、誰かが洗うためにと作られたものなのに、決して自分自身を洗えないということです。死者宅なら、それが誰の家であろうと、そこがどこであろうと、訪ねていって不平一つこぼさず片づけるのが私の仕事ですが、いざ自分が死んだときは、自分で片づけるわけにはいかない、その点が水道の蛇口に似ています。いつだったか、ある人が息を引き取ってしばらく経ってから発見された家のトイレで、水道の蛇口についた汚れを磨きながら、私はそんなことを考えました。私たちは誰かの助けなしには生きていけないのだ、と。

人間という存在のアイロニーは、いつも死を背負って生きていることです。すべての生命ある存在は、死を迎えるしかなく、その事実に例外はありません。生と死は両面のあるコインのように一方だけでは成立しないのです。

私たちは今まで生という、目前に広がる一方向だけをひたすら見ようと、背後を振り返る機会を持ちえなかったのかもしれません。ときには飛ぶ虫にさされ、ときには日を浴びて背中が痛いほど熱くても、その日進む道だけを見据えて、振り返ることをしなかったのでしょう。もし、少しでも視線を外して振り向いてしまったら、背後からぴたりと追いかけてくる怖くて恐ろしいものが、いつの間にかあなたの前途を遮り、すぐにでも歩みを止めさせてしまうのではないかと恐れたのです。恐怖は私たちの視野を狭め、ただ早く前に進むことだけを催促するのです。

今まで私たちの社会は、死についてあまりに重く考えすぎたために、死に関する言及すら不敬なことだと考えました。もしかしたら、この記録もそういう意味で急進的だと言えるかもしれません。けれども、死の意味を問い返してこそ、人間が死んだ場所でさらに鮮明になる生とその存在についての詳細を表現してこそ、人間にとってはそれが抗菌物質となって、たとえしばらくの間発熱することはあっても、最後には我々の生をさらに価値のある、よりたくましいものにしてくれるだろうと信じています。誰かの死で生計を維持する職業的なアイロニーの中で、この記録がその役割を果たしてくれるという確信、それが私に委ねられた社会的責務であるという自覚が、私の執筆を途中で頓挫させることなく、最後まで後押ししてくれました。

安心して手を洗える水道のような存在の本を書き上げるには、複数の人たちの助けが必要でした。大衆出版物としてはまとめるのが難しい題材でしたが、真っ先に手を差し伸べてくれたチェ・ウニさん、橋の中間で躊躇しているときに安心して渡れるように光を当てて導いてくれたキル・ウンス編集員、より多くの人がこの水道に辿り着けるように広い道を作ってくれたキム・ヨンサ、デザイン、マーケティング、広告を担当された、すべてのスタッフの皆さん……。

　そして生の真実を見つけようと長い間執筆することを忘れていた、すでに完成した作家である、私の妻Hに、感謝の意を伝えたい。

原注1
マタイによる福音書一七章二〇節：イエスは言われた。「信仰が薄いからだ。はっきりと言っておく。もし、からし種一粒ほどの信仰があれば、この山に向かって『ここから、あそこに移れ』と命じてもその通りになる。あなたがたにできないことは何もない。」
（参照：『聖書 新共同訳』日本聖書協会）

原注2
ジョージ・マロリーは、一九二四年に三度目のエベレストへの登頂に挑戦したが、行方不明となった。なぜ続けて山に登るのかという質問に対して、「そこに山があるから」と回答したことで有名。

原注3
朝鮮時代の文人であり、書家である楊士彦の詩の一節「太山は高しと言えども、天の下には谷がある」をもじった表現。

原注4
「金を石ころのように思え」という意味。

原注5
ギリシャの古代哲学派の一つである『犬儒』は、「犬のほうが人間より優れている。人間も自然に与えられたものだけで満足して生きるべきだ」といった思想を指す。ディオゲネスはこの思想を体現し、大樽を住処にするなど、まさしく〝犬のような生活〟を送った。

原注6
エジプトの古い名称。ブバスティス市の猫の葬儀に関する内容は、ヘロドトスの『歴史』にも記載されている。ブバスティス市民は、猫を含むさまざまな動物に人間と同等の、もしくはそれ以上の敬意を払っていた。

原注7
ダンテ『神曲』の地獄篇第三歌に登場する地獄の門に刻まれた銘文。

原注8
『経済学辞書』著：パク・ウンテ、パク・ユヒョン（キョンヨン社）

原注9
過去に農林畜産食品部が、孤立した農村に活力を与えるため、地域ごとに巨額の予算を投入して推進した開発事業。

原注10
建物の所有者や管理者が、災害によって深刻な損壊を受けた建築物についてその事実を報告する行為。

原注11
まだ神からの啓示を受けていないか、受けたばかりで未熟な巫女（ムダン）を指す。

原注12

ギリシャ神話に登場する夢の神。彼の兄弟であるフォベトルとパンタソスは、動物や物体の姿で夢に現れる一方、モルペウスは容姿や声、歩き方、習慣まで人間と同じ姿で夢に現れる。薬物の「モルヒネ」はモルペウスにちなんで名付けられた。

原注13

刑法第二五二条（教唆、承諾による殺人等）一、他人の教唆または承諾を受けてその人を殺害した者は、一年以上十年以下の懲役に処せられる。二、他人を教唆または承諾して自殺させた者も前項の刑と同じである。

原注14

『韓国の農薬自殺：農薬自殺の人口社会学的および経済的特性に関する研究』著：チェ・ヨンチョル（高麗大学校）

原注15

パラコートジクロライド（Paraquat dichloride）：除草剤や殺虫剤として使用される有毒な化学物質で、グラモクソン（Gramoxone）の主成分。摂取してしまうと、腎臓や肺などの臓器を線維化させ、急死に至る恐れがある。二〇一二年から韓国内での使用が完全に禁止となった。

訳者あとがき

翻訳しながら、著者の二つの視線が深く印象に残った。

一つは著者の死者に対する温かい視線だ。凄絶な首吊り現場なら、いち早く片づけ、その場を去りたいと思うのが人の情の常だろう。しかし、著者は床に腰を下ろして女性が首を吊った天井を眺めながら、死者が最期に目にしたものが何だったのかに思いを馳せる。そして、自分の生活のすべてを眼下において人生を終わろうとしている女性の思いに辿り着いたとき、自分が何と残忍なことを想像しているのかと驚き、すべてが悪い夢であったらよかったのにと深い悲しみにひたってしまう。

また、自ら命を絶とうという瞬間に自分で火をつけた着火炭の包装紙をきちんと分別してゴミ箱に入れる人がいたら、多くの人はこんなにも生真面目な人がいるものかと驚くだけだろう。しかし、著者はその几帳面でやさしい気持ちをどうして自分には向けてやれずに死を選んだのかと悔しがる。

『死者宅の清掃』という題目から受けたイメージは、特殊な清掃を要領よく行う冷静な職業人だった。しかし、著者は誰よりも熱い人間への愛を持ってこの仕事に臨んでいた。そういう人だからこそ、この職業を選んだのではないかと思えてくるほどだ。

著者は自殺防止のためのブログも綴っていた。ある日、自ら命を絶つことを決心した一人の女性が苦しまずに死ねる方法について知りたくて、ブログを頼りに電話をかけてきた。そこから彼女の自殺を阻止するための著者のドタバタ奮闘劇が展開されるのだが、そこまで必死になった自分の思いについて、著者はこう述べている。

「私はあの時自分が生きたいと思ったし、あなたを救ってこそ私も生きていけると思った」

著者は完全に他人の死を自分の死と重ね合わせているのだった。こうした著者のやさしい視点があったがゆえに、私は死体現場のなまなましい描写に衝撃を受けながらも、次第にこの著書が醸し出す独特な世界に吸い込まれていった。そして気付いてみると、今まで避けていた人間の死というテーマについて、いろいろな考えをめぐらすようになっていた。

もう一つは、孤独死と現代社会の関わりをあぶりだす著者の鋭利な視線だ。そのテーマの一つが貧困と孤独死の関係だ。

著者はもっぱら一人で死ぬのは貧者で、貧しくなればなるほど、さらに人間は孤独になっていくと言う。「貧しさと孤独は仲の良い古い友達のように、肩を組んでともにこの世を巡礼しているように見える」というのだ。そして、貧困が家族・親戚の間を疎遠にさせ、最終的に遺族からも死体の受け取りを拒否され、孤独死に行きつく、と。

確かに昔から貧困はあったが、いつも貧困が孤独死をもたらしてきたわけではない。貧しい者同士互いに助け合って生きるのが当たり前の時代もあったのだ。著者は豊かさや便利さの陰に隠れて見えない、現代社会の冷血さと怖さにスポットライトを当てている。

数多くの死を伴う事件、事故現場を経てきた筆者は、孤独死や自殺には、財産など残らない場合が多いが、唯一大量に残されるものが郵便物だったという。滞納告知書に督促状、ガス、水道、電気を止めると脅しをかける未納料金の警告状、警告通りに供給を中断したと知らせる最後通牒が、どの家の郵便箱にもぎっしりと挿し込まれているのだ。孤独な人間にとって社会との最後のつながりともいえる郵便物が、自分をさらに一歩、死へと追いやる。福利のためという国の公共サービス制度も貧しい者には自殺への「誘い」に変わりうる。もちろん、そこには自己責任も伴うかもしれない。しかし、人生に失敗が許されない社会には、何のぬくもりも感じられない。

しかし、著者はそんな社会を変えていこうなどとは言わない。代わりに何とか生き抜くための「開き直り」の術を提示している。

「貧しいからといって、あまり深刻に考えないようにしよう。あなたが賢い人なら、いつも深刻な顔をしているほうが損をするってことぐらいわかっているはずじゃないか。どっちにしろ、財布が空でも、おなかがいっぱいで今を笑っていられるなら、その瞬間だけは幸せさ。人間ならだれしもいつかは死ぬという事実だけは、絶対に変わらないのだから」

同感だ。私も今まで、生きることに精神的に疲れたと思うことが何度かあった。そんなときには、こう考えたものだ。

「生きているから希望が見えてくる。自分で命を絶つことは、希望も自らが絶つことになる。将来的には何かいいことがあるかもしれない、そう信じて生きていこう」

生きることと死ぬことは表裏一体で、その本質は意外にも単純で明快なものなのかもしれない。著者はあとがきで韓国社会では、死についてあまりに重く考えすぎたために、死に関して言及することすら不敬なことだと考えられてきた、そういう意味でこの本は急進的ではあるが、死を振り返り、その意味を問い返すことが生をさらに価値のある、よりたくましいものにするはずだと述べている。

日本社会にも死を重く考えすぎる傾向があるようだ。なかなか死についてだれかと議論するまでに行きつかない。若い人ならなおさらだろう。ならば一人で、自分の死生観を見つめ直してみるのはどうだろうか。そのとき、この著者の経験や考え方はきっと何かの参考になると思う。その過程で新たに生きる希望や力がうまれるとしたら、どんなにうれしいことだろう。

蓮池薫

著者 キム・ワン

ソウル生まれ、釜山育ち。大学で詩と文学を学んだ後、出版社や広告会社で働いていた。30代後半に「専業作家になりたい」と思い会社をやめた。その後数年間日本に滞在する中で取材と執筆をしながら「死んだ人が残したもの」「人が死んだ場所を掃除する仕事」に関心を持つように。東日本大震災を経験した後、帰国して特殊サービス会社「ハードワークス」を設立した。彼が日常的に遭遇する「死の現場」について記録を残している。

訳者 蓮池 薫

1955年新潟生まれ。中央大学在学中の 78 年夏休みで実家に帰省していたところを 現在の妻祐木子さんと共に拉致される。24 年間北朝鮮での生活を余儀なくされる。02年10月に帰国。市役所勤務を経て、新潟産業大学非常勤講師として働くかたわら、04年9月中央大学法学部に復学し、08年卒業。13年3月新潟産業大学大学院博士 前期課程修了。現代社会文化研究科博士学位（学術）取得。現在新潟産業大学で 准教授として韓国語、韓国文化などを教える。
著書：「半島へふたたび」で第 8 回新潮ドキュメンタリー賞受賞。「拉致と決断」（新潮社）「私が見た『韓国歴史ドラマ』の舞台と今」（講談社）他
翻訳書： 「孤将」「私たちの幸せな時間」「トガニ」(新潮社)、「ハル哲学する犬」（ノンフィクション）「走れ、ヒョンジュン」他20冊以上。

死者宅《ししゃたく》の清掃《せいそう》

韓国《かんこく》の特殊清掃員《とくしゅせいそういん》がみた孤独死《こどくし》の記録《きろく》

2023年8月12日　初版第1刷発行

著者　キム・ワン

翻訳者　蓮池 薫《はすいけかおる》

発行者　岩野 裕一

発行所　株式会社実業之日本社

〒107-0062 東京都港区南青山6-6-22 emergence 2

電話（編集）03-6809-0473　（販売）03-6809-0495

実業之日本社ホームページ　https://www.j-n.co.jp/

印刷・製本　大日本印刷株式会社

装丁　川名 潤

DTP　鈴木 俊行

죽은 자의 집 청소

by 김완

ISBN978-4-408-65027-2（第二書籍）